Auf einem fremden unbewohnbaren Planeten

Blanka Pudler / Dieter Vaupel

Auf einem fremden unbewohnbaren Planeten

Wie ein 15-jähriges Mädchen Auschwitz und Zwangsarbeit überlebte

DIETZ

Wir bedanken uns bei folgenden Institutionen
für die Unterstützung bei der Drucklegung des Buches:
Sparkassen-Kulturstiftung Hessen-Thüringen
Hessisches Kultusministerium
Kulturförderung des Werra-Meißner-Kreises
Magistrat der Stadt Hessisch Lichtenau
Kulturfördergemeinschaft Hessisch Lichtenau e.V.
Gegen Vergessen - Für Demokratie e.V.

Bibliografische Information der Deutschen Nationalbibliothek

Die Deutsche Nationalbibliothek verzeichnet
diese Publikation in der Deutschen Nationalbibliografie;
detaillierte bibliografische Daten sind im Internet
über http://dnb.dnb.de abrufbar.

2. Auflage

ISBN 978-3-8012-0530-0

Umschlag: Antje Haack | Lichten, Hamburg
Satz: Jens Marquardt, Bonn
Druck und Verarbeitung: CPI books, Leck

Printed in Germany 2019

Besuchen Sie uns im Internet: www.dietz-verlag.de

Inhalt

Vorwort

Blankas Geschichte soll nicht verlorengehen

Ich lernte Blanka Pudler vor gut drei Jahrzehnten kennen, im Rahmen meiner Suche nach Überlebenden des ehemaligen Konzentrationslager-Außenkommandos Hessisch Lichtenau. Gleich bei meinem ersten Besuch in Budapest – dem viele weitere folgten – spürte ich, dass sie eine besonders warmherzige und zugewandte Frau war. 2017 besuchte ich zum bisher letzten Mal die ungarische Hauptstadt. Diesmal, um Blanka bei ihrer Beerdigung auf dem Budapester Jüdischen Friedhof die letzte Ehre zu erweisen. Es war mir ein inneres Bedürfnis, bei diesem Anlass an die Familie und die Trauergemeinde einige persönliche Worte zu richten, die ich hier wiedergeben möchte:

»Ich bin unendlich traurig über den Tod von Blanka. Das erste Mal trafen wir uns 1986 in Budapest, als ich mit meiner wissenschaftlichen Untersuchung beschäftigt war über die Zwangsarbeiter in der Sprengstofffabrik Hessisch Lichtenau, wo Blanka eine von eintausend Sklavenarbeiterinnen war. Mein erstes Treffen mit Blanka war der Beginn einer wunderbaren, tiefen Freundschaft für die nächsten 31 Jahre, bis zum heutigen Tage.

Blanka war viele Male in unserem Land und sie sprach zu Tausenden von Schülern und Studenten in den Schulen unserer Region. Die Jugendlichen waren schockiert über ihr schlimmes Schicksal, sie waren aber auch beeindruckt von dieser warmherzigen Frau. Nach all den schrecklichen Erfahrungen in Auschwitz und Hessisch Lichtenau kam sie nach Deutschland ohne Bitterkeit, sie kam als eine Freundin.

Bei einem ihrer Vorträge sagte sie zu den Schülern: ›Ich fühle mich verpflichtet zu sprechen. Ich habe mich entschlossen, diese Arbeit weiter zu machen, solange man mich fragt und meine Kräfte dazu ausreichen, damit die heutige Generation von unserer grausamen Vergangenheit lernen soll und für sich selbst eine schöne, gerechtere Zukunft aufbauen kann.‹

Ich möchte Danke sagen, Blanka, für alles, was du für uns getan hast. Wir haben nicht nur eine wunderbare, empathische Freundin, sondern auch eine der letzten Zeitzeuginnen verloren, die über Auschwitz und die Greueltaten der Nazis berichten konnte. Viele Menschen in Deutschland, die die Chance hatten, dich kennenzulernen, werden dich vermissen. Ich ganz besonders. Blanka, du wirst in unseren Herzen weiterleben.«

Mit Blanka Pudler habe ich in den vielen Jahre unserer Freundschaft eine unendliche Zahl an Gesprächen geführt und sie so immer besser kennen und verstehen gelernt. Vor fast 15 Jahren hatte ich dann die Idee, ihre bewegende Geschichte, über die sie so oft vor jungen Menschen in Deutschland gesprochen hatte, aufzuschreiben.

Ich wollte ein Buch daraus machen, ein sehr persönliches Buch, keine reine Dokumentation. Ich besprach diese Idee mit Blanka, und sie willigte sofort ein. Also begab ich mich an die Arbeit und begann die ersten Kapitel nach und nach zu schreiben. Mein Ziel war es, dass ich für Blanka eine literarische Sprache finde, mit der vor allem Schüler und Jugendliche, aber auch interessierte Erwachsene – ähnlich wie bei ihren Vorträgen – in die damalige Welt eintauchen konnten, mit ihr fühlen konnten. Es sollte, darüber waren Blanka und ich uns einig, ein emotionales Buch werden.

Nachdem die ersten Seiten verfasst waren, gab ich sie Blanka zum Lesen. Wir sprachen darüber und klärten das eine oder andere, was ich nicht so ausgedrückt oder so verstanden hatte, wie sie es gedacht oder erlebt hatte. Es gelang mir beim Schreiben durch ihre Rückmeldungen immer besser, mich in Blanka einzufühlen und den richtigen Ton, die richtige Sprache zu finden.

Die Ich-Perspektive habe ich gewählt, um dadurch emotionale Nähe zu dem damals 15-jährigen Mädchen für den Leser herstellen zu können und ein Sich-Hineinversetzen in ihre Gedanken- und Gefühlswelt zu ermöglichen.

Auschwitz darf sich nicht wiederholen: Blanka Pudler, Holocaust-Überlebende.

Zeitzeugin des Holocaust starb 88-jährig

VON STEFAN FORBERT

Tausende Schüler hörten ihr in den vergangenen 30 Jahren mucksmäuschenstill zu, wenn sie über ihr Schicksal und das weiterer 1000 ungarischer Jüdinnen während der NS-Zeit berichtete. Am Donnerstag ist die Holocaust-Überlebende Blanka Pudler 88-jährig in Budapest gestorben.

An vielen Schulen in Nordhessen brachte Pudler, die als 15-Jährige das Konzentrationslager Auschwitz überlebte und als Zwangsarbeiterin in der Munitions- und Sprengstofffabrik Hirschhagen bei Hessisch Lichtenau ohne jeglichen Schutz giftige Chemikalien verarbeiten musste, durch ihre Schilderung nicht nur die Unmenschlichkeit der NS-Zeit nahe. Zugleich, und das war ihr besonderes Anliegen, öffnete sie bei den Jugendlichen den Blick für Fragen der Toleranz und des menschlichen Umgangs miteinander. So würdigte sie auch der Historiker Dr. Dieter Vaupel (Gudensberg), der Pudler vor 30 Jahren kennenlernte. Ähnliches wie in Auschwitz, wo ihre Eltern umkamen, dürfe nie wieder passieren können, so lautete Blanka Pudlers Ziel, das sie als Verpflichtung ansah.

„So viele Freunde"

Ihr Wirken stieß auf hohe Anerkennung: 2012 wurde Pudler mit dem Bundesverdienstkreuz am Bande für ihr Engagement bei der Erinnerungsarbeit ausgezeichnet. Sie selbst sagte bei ihrem letzten Besuch in Nordhessen: „Ich hätte nie gedacht, dass ich in dem Land, in dem sich so viel leiden muste, einmal so viele Freunde finden würde."

Nachruf auf Blanka Pudler in der Presse 2017.

Nachdem allerdings der erste Schwung beim Schreiben verflogen war und ich durch meine berufliche Tätigkeit in dieser Zeit stark gefordert wurde, geriet die schon weit fortgeschrittene Arbeit ins Stocken. Das war ja auch zu diesem Zeitpunkt nicht so schlimm, denn Blanka war noch in der Lage, ihre Geschichte immer und immer wieder anderen Menschen zu erzählen. Das war natürlich viel besser als jede aufgeschriebene biografische Erzählung.

Das hat sich – nach Blankas Tod – geändert. Blanka Pudler kann nicht mehr selbst sprechen, also musste ich es jetzt für sie tun, musste ihre Lebens- und Leidensgeschichte aus ihrem Blickwinkel zu Ende erzählen. Ich wollte und musste das begonnene und von ihr autorisierte Projekt ohne ihre Hilfe zum Abschluss bringen, damit Blankas Geschichte künftigen Generationen erhalten bleibt.

Das war es, was ich Blanka und mir am Tage ihrer Beerdigung in Budapest versprochen habe: Ihre Geschichte sollte und durfte nicht verlorengehen.

Warum lügst du?

Plötzlich stehen die SS-Frauen in unserer Baracke. Eine polnische Blockälteste begleitet sie. Was kann das bedeuten? Ich habe in den wenigen Tagen in Auschwitz schon die Erfahrung gemacht, dass man vorsichtig sein muss. Sicher ist es nichts Gutes, was sie im Schilde führen. Wir werfen uns mit den anderen Frauen und Mädchen vorsichtige Blicke zu. Unsicher sind wir alle. Antworten auf die Fragen, die uns durch den Kopf gehen, können wir in den Gesichtern der anderen nicht finden. Was wollen sie von uns? Es ist mit einem Schlag still geworden in unserer Baracke. Totenstill. Man weiß nie, was als nächstes kommen wird. Unsicherheit liegt wie eine dunkle Wolke über uns. Was kommt jetzt schon wieder auf uns zu? Wir wissen es nicht, haben Angst. Kann es noch schlimmer für uns werden? Berechenbarkeit, zu wissen, was kommt, ist etwas aus einer anderen Welt, einer Welt, zu der wir jetzt nicht mehr gehören. Hier an diesem Ort gilt das nicht mehr. Wie so vieles. Ausgelöscht scheint alles, was für unser Leben vorher Bedeutung hatte. Wer sind wir jetzt? Sind wir überhaupt noch Menschen?

Die roboterhafte Stimme einer SS-Frau reißt mich aus meinen Gedanken. »Wer von euch hat sein 16. Lebensjahr noch nicht vollendet?«, höre ich eine der Aufseherinnen fragen. Wieder werfen wir uns unsichere Blicke zu. »Das betrifft mich«, schießt es mir durch meinen Kopf. Nur noch ein paar Wochen, dann soll ich 15 werden. Mein Herz schlägt bis zum Hals. Ich höre das Pochen in meinen Schläfen und kann keinen klaren Gedanken fassen. Warum jetzt diese Frage? Doch bevor ich weiter darüber nachgrübeln kann, versetzt mich ihr Nachsatz in eine unglaubliche Freude: »Diejenigen können nämlich zu ihrer Mutter gehen!«

Das ist es, wonach ich mich nahezu in jeder Minute gesehnt habe, seitdem ich hier an diesen Ort, an dem ich so vieles nicht verstehe, verschleppt wurde. Meine Mutter! Ich werde sie wiedersehen! Es stimmt also doch nicht, was man sich an schlimmen Dingen erzählt! Ich wollte, ich konnte es nicht glauben. Niemand spricht wirklich offen darüber, aber ich merke an so vielen Reaktionen, an der Trauer, die allgegenwärtig ist, an der Resignation: Alle unsere Familienmitglieder und Freunde, die bei unserer Ankunft von uns getrennt wurden, haben viele meiner Mitgefangenen längst aufgegeben. Es gibt Gerüchte. Angeblich werden hier jeden Tag Hunderte, ja sogar Tausende Neuankömmlinge getötet. Das kann ich mir nicht vorstellen. Wie sollte so etwas überhaupt möglich sein? Tausende Tote jeden Tag? Wir werden hier zwar nicht wie Menschen behandelt, das ist mir vom ersten Augenblick an klar geworden. Aber das erscheint mir absurd. Es gibt ja keinen Grund, uns zu töten. Was haben wir denn verbrochen? Und warum haben sie gerade uns dann am Leben gelassen? Das alles ergibt für mich keinen Sinn.

Und nun der Satz der SS-Frau: »Diejenigen können nämlich zu ihrer Mutter gehen!« All diese negativen Gerüchte stimmen offensichtlich nicht. Meine Mutter lebt! Bestimmt sehnt sie sich genauso nach mir, wie ich mich nach ihr. Es scheint doch wahr zu sein, was sie uns bei unserer Ankunft versprachen, als ich gewaltsam und unter Tränen von meiner Mutter losgerissen wurde. »Du wirst sie wiedersehen!«, hatten mir die uniformierten Männer zugerufen, als ich sie nicht loslassen wollte. Sie grinsten merkwürdig, aber ich wollte ihnen glauben. Jetzt wird wahr werden, was diese Männer versprochen haben.

Da ich ja noch nicht einmal 15 bin, melde ich mich also ohne auch nur einen Moment zu zögern: »Ich, ich will zu meiner Mutter«, höre ich mich mit ruhiger Stimme sagen. Mein Herz klopft voller Freude auf das Wiedersehen mit meiner geliebten Mutter. Ich habe ihr Bild vor Augen und kann schon ihre Wärme spüren, kann sie riechen und fühlen. Bald werde ich sie wiederhaben und wieder dieses Gefühl der Geborgenheit meiner Kindheit spüren. Nichts kann mir passieren, wenn ich bei meiner Mutter bin! Ihre Liebe hat mich durch meine ganze Kindheit getragen.

Ich umarme zum Abschied meine große Schwester Aranka, die mir fast so nahesteht wie meine Mutter. Klar, hat es mit meiner Schwester auch mal Streit gegeben in den Tagen der Kindheit. Aber wenn es darauf ankam, waren wir immer füreinander da. Unser Verhältnis ist etwas Besonderes. Viel enger als zu unseren anderen Geschwistern. Ich sehe Aranka in die Augen und spüre, wie schwer ihr dieser Abschied von mir fällt. Haben wir uns doch vor wenigen Tagen in den riesigen Menschenmassen des Lagers durch einen Zufall erst wiedergefunden. Ich hatte die Hoffnung, sie zu finden, schon fast aufgegeben. Aranka bemerkt, wie schwer auch mir der Abschied fällt, sie sieht wie meine Augen sich mit Tränen füllen. Sie löst sich von meinem Blick und sagt mit starker Stimme, um mich zu trösten: »Geh du zu Mama, ich bin alt genug, um erst einmal allein klar zu kommen! Wir werden später wieder zusammenfinden.«

Voller Rührung über diese Abschiedsszene und mit einem an diesem Ort selten gewordenen warmherzigen Blick sieht uns die neben den SS-Frauen stehende Blockälteste an. Dann ändert sie urplötzlich ihren Ausdruck, bekommt eine Härte im Gesicht, die ich nicht verstehe. Sie kommt auf mich zu und sagt laut mit strenger Stimme, die keinen Widerspruch zu dulden scheint: »Warum lügst du? Ich weiß, dass du schon älter als 16 bist! Du darfst hier nicht lügen!« Wie ist das zu verstehen? Wie kann ich das mit der Veränderung in ihrem Blick in Verbindung bringen? Was hat sie vor? Sie hat so ehrlich in ihrem Mitleid auf mich gewirkt, dass ich im ersten Moment gar nichts mehr begreifen kann. Ich sollte mich jetzt am besten auf mein Gefühl verlassen.

Die SS-Frau, die hier das Kommando hat, wendet mir nun ihre Aufmerksamkeit zu und fragt in scharfem Ton: »Also, was ist die Wahrheit? Bist du schon älter als 16 Jahre oder nicht?« Laut und vorwurfsvoll dringen diese Worte an mein Ohr, hämmern in mein Gehirn. »Was ist die Wahrheit? Was ist die Wahrheit?« Was soll ich antworten? Von meiner Schwester, die ich aus den Augenwinkeln ansehe, kann ich in dieser Situation keine Hilfe erwarten. Ich muss schnell reagieren, um kein Misstrauen zu erwecken oder gar den Zorn dieser unberechenbaren SS-Frauen auf mich zu ziehen. Also verlasse ich mich, ohne weiter nachzudenken, auf mein Gefühl und antworte instinktmäßig: »Ja, ich werde sogar schon bald 17!«

»Warum lügst du dann, du Miststück?«, höre ich die SS-Frau mit noch schärferer Stimme sagen. »Das werden wir dir hier schon austreiben! Versuch das nicht noch einmal!« Zwei Backpfeifen, wie ich sie zuvor noch nie in meinem Leben bekommen habe, klatschen in mein Gesicht. Rechts – links. Klatsch – klatsch. Mein Schädel dröhnt, ich taumele, dann werde ich mit einem kräftigen Stoß von dieser Frau, die für mich in meinen Kinderaugen die Gestalt eines bösartigen Monsters bekommt, in Richtung meiner Schwester gestoßen. Aranka kann gar nicht schnell genug reagieren, um zumindest den Versuch zu machen, mich aufzufangen, so dass ich neben ihr auf dem Barackenboden aufschlage.

Erst viel später erfahre ich, dass diese Ohrfeigen, das Anschreien und der kräftige Stoß Kleinigkeiten im Vergleich zu dem sind, was mich eigentlich erwartet hätte, wenn ich weiter ehrlich bei meinem wahren Alter geblieben wäre: Mir wurde in diesem Moment mein Leben gerettet! Aus irgendeinem Grund, den ich nicht kenne, hat die Blockälteste, von der ich eigentlich nichts Gutes zu erwarten gehabt hätte, Mitleid mit mir gehabt. Eine menschliche Regung in einer unmenschlichen Situation. Sie ist offensichtlich noch nicht so abgestumpft wie viele andere. Zumindest in diesem Moment nicht. Vielleicht, so denke ich später, hat sie gesehen, wie schwer mir der Abschied von meiner Schwester fiel. Vielleicht hat sie auch selbst einmal eine ähnliche Situation durchlebt, die nicht so gut ausging wie in meinem Falle. Vielleicht wollte sie einfach ein Kind, das ihr Herz gerührt hat, retten. Zumindest ein einziges von den vielen, die nicht mehr zu retten waren.

Alle Mädchen, die sich damals gemeldet haben, wurden tatsächlich zu ihren Müttern geschickt: Direkt in die Gaskammern von Auschwitz, in die auch ihre Mütter, genau wie meine geliebte Mutter, erbarmungslos getrieben und dort ermordet worden sind. Statt dem versprochenen Wasser kam aus den Duschen das todbringende Gas Zyklon B. Keines der Mädchen, die unsere Baracke an diesem Tag verließen, um zu ihren Müttern zu gehen, ist jemals wieder gesehen worden. Die Gerüchte, was tatsächlich mit ihnen und unzähligen anderen passierte, machen immer mehr die Runde, verdichten sich so sehr, dass auch ich den Glauben an ein Wunder immer mehr verliere.

Jedenfalls wird von diesem Tag an, an dem die SS-Frauen in unserer Baracke aufkreuzten und die mir fremde Polin mutig einschritt, die Beziehung zu meiner sechs Jahre älteren Schwester Aranka noch inniger als zuvor. Obwohl Aranka mir immer, wenn sie in meiner Nähe ist, viel Sicherheit geben kann, lebe ich nach dem Ereignis in ständiger Angst, von ihr getrennt zu werden und dann ganz allein dazustehen. Mutterseelenallein.

Jetzt bin ich richtig angekommen in dieser düsteren, dämonischen Welt von Auschwitz-Birkenau. Ohne einen Gedanken daran, dass es vielleicht doch nicht so schlimm werden würde. Ohne Hoffnung. Ich bin angekommen in Birkenau, der Hölle auf Erden. Ein Ort, an dem man jegliche Illusionen verliert. Ein Ort der Entwürdigung und Entmenschlichung. Hier soll nun also mein »Leben« stattfinden! Ich kann all das, was ich hier tagtäglich erleben muss, nicht glauben und nicht verstehen. Es ist surreal. Was ist passiert, dass man mich hierher gebracht hat? In meinem kindlichen Kopf bekomme ich all das nicht zusammen. Wo bin ich? Ein nie gekanntes Gefühl kommt über mich. Ich fühle mich fremd, fühle mich einsam und perspektivlos. Hier ist es für mich wie auf einem fremden, eigentlich völlig unbewohnbaren Planeten. Alles, was mir hier begegnet, hat nichts, aber auch absolut nichts mehr mit dem zu tun, was ich und was wir alle vorher unter »Leben« verstanden.

Kindheit: Die Armut holte uns immer ein

Leicht haben wir – meine Eltern, meine beiden Schwestern, mein Bruder und ich – es nie gehabt. Geboren wurde ich 1929 in Aknaszlatina, einem kleinen Ort in der Karpaten-Ukraine, dicht an der rumänischen Grenze. Damals hieß ich Blanka Adler. Das idyllische Kleinstädtchen an dem kleinen Fluss Theiß hat aufgrund der Grenzlage eine sehr wechselvolle Geschichte hinter sich. Bekannt ist der Ort vor allem wegen seiner Salzvorkommen und seiner salzhaltigen Quellen.

Ich war ein echtes »Nesthäkchen«, ein Nachzögling in unserer Familie, die eigentlich vor meiner Geburt schon komplett war. Meine Geschwister hatten einen Abstand von mehreren Jahren zu mir. Roszi, die Älteste, war bei meiner Geburt bereits neun, Dezsö acht und Aranka sechs Jahre alt. Meine Mutter Eszter und mein Vater Mathias waren beide sehr religiös und hielten sich an die Regeln, die ihnen das Judentum auferlegte. Die Gegend von Aknaszlatina war ein Gebiet, in dem viele Juden lebten. Meine Eltern unterhielten sich auf Jiddisch. Selbstverständlich wurde der Sabbat in unserer Familie eingehalten, und mein Vater besuchte regelmäßig die Synagoge. Auch sonst hatte der Glaube bei uns einen festen Platz in unserem Lebensalltag, nicht nur an den hohen Feiertagen. Ich wurde also im jüdischen Glauben und in der jüdischen Tradition großgezogen.

Blankas Familie mütterlicherseits hatte eine lange Tradition in Aknaszlatina. Hier ihr Großvater Haim Israel Polak, geboren in den 1830er Jahren, im Alter von 102 gestorben.

Armut kennzeichnete mein und unser aller Leben vom ersten Tag an. Immer wieder wurde ich in späteren Lebensjahren mit Menschen konfrontiert, die dachten: »Alle Juden sind reich!« Vorurteile, die seit Jahrhunderten weitergetragen worden sind und dann bei den Nationalsozialisten auf perfide Art dazu führten, Juden aus dem gesellschaftlichen Leben zunächst auszugrenzen und sie schließlich systematisch zu ermorden. »Die reichen, habgierigen Juden, die die anderen nur aussaugen wollen, sind unsere Feinde, sind an allem Übel der Welt Schuld und müssen deshalb ausgelöscht werden!« Das wurde der reichsdeutschen Volksgemeinschaft eingehämmert. Und wir Juden wurden zu Volksfeinden.

Sicher, es gab und gibt viele wohlhabende Juden, viele, die im Handel und Bankengeschäft zu Wohlstand gekommen sind. Das hat historische Gründe. Durch Berufseinschränkungen in den Städten des Mittelalters war

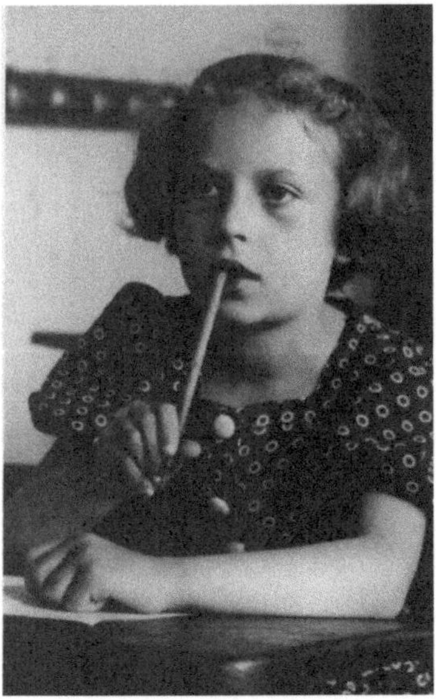

Blanka als Schülerin in der deutschen Grundschule in Käsmark.

es den Juden nicht möglich, ein sogenanntes »ehrliches« Handwerk zu erlernen. Die Zünfte ließen das nicht zu, schlossen die Juden aus. Also mussten sie sich andere Wege suchen, um ihren Lebensunterhalt zu sichern. Viele spezialisierten sich auf den Handel, andere wurden Geldverleiher, was Christen damals verwehrt war. Das waren Gründe, warum viele Juden zu Geld kamen. Geldgeschäfte und Handel wurden ihnen praktisch aufgezwungen, sie mussten diese Rolle annehmen.

Aber von Reichtum waren wir in Aknaszlatina weit entfernt, das hatte nichts mit unserer Lebenssituation zu tun. Ich war nicht auf der Sonnenseite des Lebens geboren worden. Mein Vater war kein Bankier und auch kein reicher Händler. Er mühte sich mit seiner Arbeit als Herrenschneider ab, hatte aber immer zu wenig zu tun, um seine sechsköpfige Familie überhaupt ernähren zu können. Meine Mutter, die uns Kinder liebevoll umsorgte, wusste oft morgens, wenn sie aufstand nicht, was sie uns mittags zu essen geben sollte. Wir lebten buchstäblich von der Hand in den Mund.

Schulfoto mit den Grundschülern in Käsmark. Blanka ist in der Mitte der letzten Reihe zu sehen.

In der Hoffnung auf neue und mehr Aufträge für meinen Vater und bessere Lebensumstände, verließen wir Aknaszlatina und zogen im Jahr 1930, meinem zweiten Lebensjahr, das erste Mal um. Unser Ziel war Käsmark, ein Ort unterhalb der Hohen Tatra. Wir zogen in eine Region, die zu dieser Zeit deutsches Sprachgebiet war. So lernte ich Deutsch praktisch als meine »Muttersprache«, ging in den deutschen Kindergarten und anschließend in die deutsche Schule. Zuhause, bei uns in der Familie, wurde nun Deutsch und weiterhin Jiddisch gesprochen. Ich war eine gute Schülerin, ging voller Begeisterung zur Schule und saugte buchstäblich alles auf, was mir dort angeboten wurde. Ich lernte schnell und ohne Probleme Schreiben, Lesen und Rechnen, und mir erschloss sich

Das einzige Foto, das Blanka von ihrer Familie erhalten blieb, 1932 in Käsmark. Blanka sitzt zwischen ihren Eltern, dahinter von links Dezsö, Roszi und Aranka.

dadurch eine ganz neue Welt. Mein Interesse an all dem Neuen, das mir in der Schule geboten wurde, war groß, vieles war so ungeheuer spannend für mich.

Es war eine glückliche Zeit in Käsmark für mich als Kind, die Sorgen und Nöte meiner Eltern, der Kampf meines Vaters um Arbeit und um das ökonomische Überleben – das alles bekam ich in diesem Alter als Grundschülerin noch nicht wirklich mit. Erst später wurde mir klar, in welcher Not wir gewesen sein mussten.

Blankas Vater Mathias Adler, der sich bemühte seine Familie durch sein Schneiderhandwerk zu ernähren.

Käsmark lag fast vierhundert Kilometer von Aknaszlatina entfernt. Der Grund für unseren Umzug in einen so weit entfernten Ort waren die schlechten Lebens- und Arbeitsbedingungen. Ein Onkel hatte meinem Vater zu dem Wechsel geraten. Er erzählte ihm, dass dort in Käsmark für ihn als Schneider viel und gute Arbeit zu finden sei, weil er Skianzüge nähen könne, dafür gäbe es einen großen Bedarf. Allerdings, unser entbehrungsreiches Leben verbesserte sich in dieser Zeit in Käsmark nicht. Ganz im Gegenteil, uns ging es noch schlechter, die erhofften Aufträge blieben aus, und mein Vater war nicht in der Lage, seine Steuern zu bezahlen. So wurde sein Geschäft von der Behörde gepfändet. Sogar die Stoffe, die nicht uns, sondern den Kunden gehörten, wurden ihm weggenommen.

Wieder einmal mit der Hoffnung im Herzen, dass sich die Situation ändern würde, zogen wir im Jahr 1937 in die 200 Kilometer weiter westlich gelegene Stadt Leva, die heute zur Slowakei gehört. Diesmal mit einer anderen Idee im Gepäck: Mein Vater hatte eine sehr schöne Stimme, und er träumte davon, Kantor in der Synagoge zu werden. Er hatte Beziehungen zu einem Rabbi in Leva und dieser versprach ihm, dass er dort eine Kantorenstelle bekommen könne. Mein armer Vater hoffte immer wieder, irgendwo bessere Arbeit zu finden, aber die Armut ist uns leider immer nachgelaufen. Aus der Kantorenstelle ist nichts geworden, und mein Vater musste wieder an die Nähmaschine.

Er ließ trotzdem die Hoffnung niemals fahren. Er durfte sie nicht verlieren, er hatte ja uns, seine vier Kinder und seine Ehefrau, die er irgendwie durchbringen musste. Er kämpfte, er ergab sich nicht in sein Schicksal, hoffte immer wieder, irgendwo anders mehr verdienen zu können und uns damit ein besseres Leben zu ermöglichen. An seinem Fleiß konnte es nicht liegen, er mühte sich von früh bis spät, ebenso wie meine uns liebevoll umsorgende Mutter.

Leva ist eine kleine Stadt im slowakischen Oberland. Man sprach dort sowohl slowakisch als auch ungarisch. Beide Sprachen waren mir völlig unbekannt, so dass ich riesige Schwierigkeiten bekam, denn in der Schule, in der der Unterricht auf Slowakisch abgehalten wurde, verstand ich zunächst überhaupt nichts. Hinzu kam, dass ich von den anderen Kindern wegen meiner fehlenden Sprachkenntnisse verspottet und ausgelacht wurde. Das war mir sehr peinlich, machte mir als Kind großen Kummer und raubte mir völlig mein Selbstwertgefühl. In meinem Lerneifer wurde ich dadurch zunächst gebremst, aber mein Ehrgeiz erwachte nach einiger Zeit wieder: Ich wollte diese neue Sprache unbedingt beherrschen.

Im Herbst 1938 fiel das Gebiet, in dem wir wohnten, aufgrund eines Abkommens mit Nazi-Deutschland an Ungarn. Die Sprache in der Schule änderte sich nun auf Ungarisch, und ich verstand wieder einmal nichts. Ich musste die vierte Grundschulklasse, die ich auf Slowakisch begonnen hatte, nun auf Ungarisch fortsetzen. Aber zunächst nur für kurze Zeit – wie sich bald zeigen sollte. Denn da wir keine ungarische Staatsbürgerschaft besaßen, wurden wir sofort in meinen Geburtsort, nach Aknaszlatina, 600 Kilometer weiter östlich, als unerwünschte Ausländer ausgewiesen. Wie meine Eltern diese ständigen Umzüge und die großen Distanzen, die dazwischen lagen, mit uns vier Kindern und angesichts ihrer Armut überhaupt bewältigen konnten, wird mir immer ein Rätsel bleiben. Eine Schwester meiner Mutter besorgte uns eine kleine Wohnung in Aknaszlatina. Wir packten unsere wenigen Sachen in Leva zusammen und gelangten mit dem Bus zurück in unsere alte Heimat.

In Aknaszlatina war bei unserer Ankunft nichts mehr wie acht Jahre zuvor. Die politischen Verhältnisse hatten sich radikal verändert. Nun herrschten dort die ukrainischen Nationalisten. Von ihnen wurden nur noch Schulen zugelassen, in denen Ukrainisch die Unterrichtssprache war. Für mich bedeutete dies abermals massive sprachliche Probleme. Und das alles noch immer in meiner Grundschulzeit. Gerade hatte ich begonnen Slowakisch zu lernen, nun musste ich die Schule unter schrecklichen Mühen in Ukrainisch fortsetzen. Und das alles,

Blankas Schulklasse in Leva im Juni 1943 – ein Jahr vor ihrer Deportation nach Auschwitz. Blanka in der mittleren Reihe, Vierte von rechts.

ohne die Sprache überhaupt zu verstehen oder gar die kyrillischen Schriftzeichen schreiben zu können. Ich habe wirklich so gut wie nichts in der Schule verstanden! Einen Vorteil hatte die Rückkehr nach Aknaszlatina für mich allerdings doch: Ich konnte in diesem Grenzgebiet zu Ungarn die ungarische Sprache, die später für mich große Bedeutung erlangen sollte, etwas erlernen.

Unsere Zeit in Aknaszlatina wurde erneut durch politische Veränderungen beeinflusst, was für uns alle schon wieder einen Umzug bedeutete. So richtig Wurzeln hatten wir noch nirgends schlagen können. Im Mai 1939 wurde unser Wohnort zusammen mit den Gebieten Transsilvaniens Ungarn angeschlossen. Dadurch konnten wir nach Leva, wo wir noch wenige Monate zuvor als illegale Ausländer ausgewiesen worden waren, zurückkehren. Meine

Grundschulzeit konnte ich nun in der vierten Klasse auf Ungarisch beenden. Ich wurde eine so gute Schülerin, dass ich am Ende des Schuljahres sogar mit einem Geldpreis ausgezeichnet wurde. Davon kaufte mir meine Mutter ein Matrosenkleid, was ich mir so sehr gewünscht hatte. Von meinem eigenen Geld – sonst hätten wir uns das nie leisten können. Ich war so stolz darauf!

Hier, in Leva, konnte ich gemeinsam mit meinen Geschwistern und meinen Eltern endlich eine Heimat finden. Die nächsten fünf Jahre verbrachten wir dort, allerdings, ohne dass sich unsere soziale Situation dadurch wesentlich veränderte. Unsere Familie verkleinerte sich nach und nach. Zumindest verringerte das etwas die ökonomischen Sorgen. Meine älteste Schwester Roszi hatte sich in der Zwischenzeit verlobt und war nach Budapest zu ihrem zukünftigen Mann gezogen. Sie wollte auf eigenen Beinen stehen, suchte sich eine Arbeit in Budapest und fiel so meinen Eltern nicht weiter zur Last. Mein Bruder Dezsö musste unfreiwillig sein Zuhause verlassen. Er wurde 1942 zum Arbeitsdienst von der ungarischen Armee eingezogen.

Viel später erfuhr ich, dass er dort fast täglich in Todesgefahr war. Die jüdischen jungen Männer, die zu diesem Arbeitsdienst gezwungen wurden, hatten das Gelände vor der Front von Minen zu befreien. Daneben wurden sie bei Straßenbauarbeiten oder anderen meist gefährlichen oder körperlich sehr anstrengenden Tätigkeiten eingesetzt.

Auch wenn wir jetzt nur noch zu viert wohnten und unser Vater nur noch vier Mäuler zu stopfen hatte: Wir waren und blieben eine arme jüdische Familie. Unsere Lage verschlimmerte sich noch dadurch, dass die jüdische Bevölkerung durch antijüdische Gesetze immer mehr Einschränkungen unterworfen wurde, wodurch mein Vater noch größere Probleme hatte, Aufträge zu bekommen. Durch die neuen Gesetze hatte er als Jude die Genehmigung zur Ausübung des Schneiderhandwerks entzogen bekommen. So konnte er seinem Beruf nur noch im Geheimen nachgehen und war praktisch zur Schwarzarbeit gezwungen. Doch es sollte noch viel schlimmer kommen ...

Nur unser Hund Muri hatte Mitleid

Unheil kündigte sich an, als es den Deutschen gelang, am 19. März 1944 alle strategisch wichtigen Punkte in Ungarn zu besetzen und am 22. März eine ihnen genehme Regierung durchzusetzen. Ich bekam als 14-Jährige davon in den ersten Tagen nicht viel mit. Meine ältere Schwester Aranka hatte da mit ihren 20 Jahren schon offenere Augen. Sie versuchte aber, mich nicht damit zu belasten. Wenn ich sie immer und immer wieder fragte: »Aranka, sag mir, was los ist, alle sind so merkwürdig!«, sagte sie nur: »Es gibt eine neue Regierung, das beunruhigt einige. Aber du wirst sehen, es regelt sich alles wieder, mach dir keine Sorgen.«

Meinen Eltern merkte ich es ganz besonders an, dass irgendetwas nicht stimmte. Ich spürte, wie verunsichert sie waren, wie viel Angst in ihnen steckte. Der Grund dafür waren die sich verschärfenden antijüdischen Gesetze. Die Wochen im März und April waren unerträglich, meine Eltern bemühten sich um Normalität im Alltag, aber alles war nun noch schwerer, noch mühsamer für sie. Mein Vater war praktisch arbeitslos, denn die Schwarzarbeit wurde für ihn noch gefährlicher. Was sollte nur aus uns werden?

In der Schule spürte ich eine merkwürdige Stimmung, die sich nach und nach steigerte. In unserer Klasse in der Bürgerschule waren wir nur zwei jüdische Kinder. Ich merkte, dass einige Klassenkameraden den Kontakt zu mir und Magda, dem anderen jüdischen Mädchen, mieden. Sie wollten nichts mehr mit uns zu tun haben. Meine Deutschlehrerin war offen antisemitisch und ich konnte mich nicht dagegen wehren, vor den andern immer wieder schlecht behandelt zu werden. Ich musste es ertragen, mich demütigen zu lassen.

Anfang April mussten wir alle die Bürgerschule mit der vierten Klasse beenden, weil sie, also das Gebäude, kurzerhand in eine deutsche Kaserne umgewandelt wurde. Zu unserer Abschlussfeier war ich gezwungen, zum ersten Mal den gelben Davidstern auf meinem schönen Festkleid zu tragen. Auch wenn mir der Hintergrund erst nach und nach klar wurde, so fühlte ich doch die ungeheure Erniedrigung, die mit dieser öffentlichen Kennzeichnung als Jüdin zusammenhing. Zum Glück hatte ich eine sehr empathische und mutige Klassenlehrerin: Auf ihre Verantwortung durften wir bei der Feier den gelben Stern abnehmen.

Überall mussten jetzt die Juden mit diesem Stern auf der Kleidung herumlaufen, wir hatten nun die Pflicht, den Judenstern in der Öffentlichkeit zu tragen. Hinzu kamen Ausgeh- und Einkaufsverbote und die Angst vor Übergriffen. Ich fühlte mich ausgegrenzt, stigmatisiert. Was hatte ich denn getan, dass ich so behandelt wurde? Wir sprachen wenig darüber in unserer Familie, deprimiert nahmen wir diese Veränderung unserer Lebensumstände hin, versuchten aber unseren Lebensmut nicht ganz zu verlieren. Darin waren wir ja schon erprobt.

Die Ereignisse wurden in kurzer Zeit immer schlimmer, die Lage verschärfte sich für uns. Anfang Mai wurden alle Juden aus der Umgebung unseres Städtchens zwangsweise nach Leva gebracht. Man richtete ein Ghetto ein, in das Mitte Mai auch alle Juden aus Leva gebracht wurden. Die Verhältnisse im Ghetto waren absolut menschenunwürdig: eng zusammengepfercht, keine ausreichende Möglichkeit zur Hygiene, fehlende Toiletten, kaum Wasser, und zu essen gab es fast nichts.

Dabei hatten wir zunächst noch Glück und konnten unter Bewachung durch die ungarische Gendarmerie in unserem kleinen Häuschen bleiben. Wir lebten dort auf engstem Raum mit zwei anderen jüdischen Familien zusammen. Das Töchterchen einer der Familien hatte Scharlach bekommen und man wollte eine Epidemie vermeiden, deshalb zwang man uns zunächst nicht, in das Ghetto zu gehen. Doch bald war auch das vorbei.

Die nächste Katastrophe, die alles, was bisher für uns Bedeutung hatte, radikal verändern sollte, nahte schon. Ich werde es nie vergessen – es war an einem Freitagnachmittag. Wir bereiteten uns für den Sabbat vor. Der Sabbatkuchen war im Herd, es roch schon gut im ganzen Haus und wir freuten uns auf den Kuchen. Plötzlich drangen deutsche SS-Leute in Begleitung von ungarischen Gendarmen in unsere Wohnung ein und jagten uns aus dem Haus. Wir hatten kaum eine Minute Zeit, unsere Sachen zusammenzusuchen, um etwas von dem Wenigen, das wir besaßen, mitzunehmen. In der Eile packten wir alles, was uns in die Hände fiel, in ein zugeknotetes Bettlaken statt in einen Koffer.

Als mein Vater noch einmal ins Haus zurückkehren wollte, um seinen Gebetsschal, den er in der Eile vergessen hatte, zu holen, der für ihn als gläubigen Juden von ganz besonderer Bedeutung war, warfen die SS-Männer ihn zu Boden und hetzten ihn anschließend mit heftigen Fußtritten durch den ganzen Hof. Mein armer Vater, ich konnte es kaum mit ansehen! Ich bedeckte mein Gesicht mit den Händen, konnte die Quälerei nicht ertragen. »Warum, warum, warum?«, ging es mir durch den Kopf. Was waren das für Menschen, die so etwas mit meinem Vater taten? Hatten die denn kein Herz, kein Mitleid? Tränen standen mir in den Augen, Tränen der Wut gegen die Männer, die ihn quälten, und Tränen des Mitleids mit meinem Vater, der es sowieso schon schwer genug in seinem Leben gehabt hatte. Und nun auch noch das! Doch das alles war nur ein Vorgeschmack auf das, was noch kommen sollte.

Schließlich wurden wir alle auf einen bereitstehenden LKW getrieben und in das Ghetto zu den anderen Juden transportiert. Doch was sollte aus unserem Hund Muri werden, den wir alle so sehr liebten? Ich hörte ihn bellen und winseln, als wir auf den Lastwagen verfrachtet wurden. Die SS-Leute schubsten ihn mit Tritten beiseite. Als wir losfuhren, sah ich, wie er hinter dem LKW her rannte. Er verstand noch weniger als ich, was hier passierte. Unser armer Hund rannte so lange hinter uns her, bis er völlig erschöpft war und beim Tempo des LKWs nicht mehr mithalten konnte. Der Ärmste musste allein zurückbleiben. »War er das einzige Wesen auf der Welt, das in diesem Moment Mitleid mit uns hatte?«, fragte ich mich. Doch ich hatte auch Mitleid mit ihm, meinem geliebten Muri. Später, wenn ich mich an unseren Hund erinnerte, dachte ich, dass sein Schicksal sicher immer noch besser gewesen ist als das, was wir erleben sollten. Ich wünschte, ich hätte auch zurückbleiben können.

Im Levaer Ghetto waren wir auf engstem Raum zusammengepfercht. Das karge Essen wurde uns zugeteilt. Wie ich später erfuhr, hatte die ungarische Regierung die Essensrationen auf 100 Gramm Brot und zwei Tassen Suppe pro Person am Tag reduziert. Sie ging davon aus, dass die in den Ghettos eingesperrten Juden sowieso nicht mehr lange in Ungarn verbleiben würden. Ein Sonderkommando unter der Führung von Adolf Eichmann war längst dabei, die Deportation Hunderttausender Juden aus den ungarischen Ghettos nach Auschwitz vorzubereiten.

Tägliche Schikanen und Willkürmaßnahmen kennzeichneten die Tage im Ghetto. SS und Gendarmen brüllten fürchterlich herum, ich konnte das alles nicht begreifen. Da ich sowieso ein schüchternes und ängstliches junges Mädchen war, suchte ich in solchen Situationen immer ganz besonders die Nähe meiner Mutter oder meiner großen Schwester Aranka. Das gab mir zumindest etwas mehr Sicherheit. Mehrmals am Tage drohten unsere Bewacher damit, uns alle zu erschießen, falls wir das versteckte Gold und den Schmuck nicht abgeben würden. Gold und Schmuck? Für uns Vier waren dies Dinge, von denen wir vielleicht träumten, dass wir sie irgendwann einmal besitzen würden. Aber in unserer ärmlichen Realität hatten Gold und Schmuck bisher keine Rolle gespielt. Und das traf für die meisten der mit uns eingesperrten Juden aus Leva und Umgebung zu.

Deportation nach Auschwitz

Am 15. Juni wurden wir unter Schreien und Schlägen von SS-Leuten und Gendarmen zu Fuß mit unserem Gepäck zum Bahnhof gehetzt. Wir hatten ja überhaupt nur ganz wenige Habseligkeiten dabei, aber auf dem Weg haben wir auch davon noch einiges einfach weggeworfen, denn es war zu schwer, um es mitzuschleppen. Schweren Herzens trennten wir uns davon. Hauptsache wir, mein Vater, meine Mutter, Aranka und ich konnten zusammenbleiben. Ich nahm die Hand meiner Mutter, drückte sie ganz fest, als wollte ich sie nie mehr loslassen. Die Leute an der Straße nahmen die Dinge, die von uns und den anderen Juden Levas auf dem Weg zum Bahnhof weggeworfen wurden, begierig an sich. Wir hatten den Eindruck, dass viele Levaer Bürger, die uns entlang der Straße beobachteten, eine große Freude daran hatten, wie man uns behandelte. Sie warteten offensichtlich nur darauf, dass wir unser Gepäck nicht mehr tragen konnten und es zu ihrer Beute wurde.

Am Bahnhof angekommen, standen dort Viehwaggons mit der Aufschrift »Deutsche Arbeiterumsiedler« für uns bereit. Viehwaggons? Da sollten wir hinein? Schnell war uns klar, dass das der Plan der SS-Leute war. Menschlich hatte man uns in den letzten Wochen schon nicht mehr behandelt. Warum dann nicht in Viehwaggons transportieren? Man befahl uns, in die Waggons zu klettern, wer nicht schnell genug war, wurde geschubst, getreten und geschlagen. Alles wimmelte nur so von Menschen, die versuchten, ihre Liebsten zumindest in ihrer Nähe zu halten.

Man pferchte schließlich jeweils zwischen 80 und 120 Menschen in einen Waggon. Zum Glück gelang es mir, in den Waggon gemeinsam mit meiner Mutter und meinem Vater zu kommen. Aber wo war Aranka plötzlich geblieben? In dem Durcheinander hatten wir den Kontakt zu ihr verloren. Ich sah sie, wie sie versuchte, gerade als eine der Letzten auch noch in unseren Waggon zu kommen. Aber man ließ sie nicht mehr hinein, da schon zu viele Menschen darin waren. Brutal wurde sie zurückgestoßen, auf familiäre Beziehungen wurde hier keine Rücksicht genommen! Sie musste in den nächsten bereitstehenden Waggon, so dass wir erst einmal den Kontakt zueinander verloren hatten. Ich rief noch laut hinter ihr her: »Aranka, Aranka! Hier sind wir, komm zu uns!« Aber sie wurde fortgetrieben, hatte keine Chance sich dagegen zur Wehr zu setzen. Ich hoffte so sehr, dass es mir irgendwie gelingen würde, bald wieder in ihrer Nähe zu sein. Wir wussten nicht, wie lange die Zugfahrt überhaupt dauern würde und wohin man uns bringen wollte. Verabschieden konnte sich Aranka weder von mir noch von unseren Eltern. Wann würden wir uns wiedersehen? Alles war auf einmal so ungewiss geworden. Über unser Schicksal würden nun andere bestimmen … Nichts lag mehr in unserer Hand.

Wir bekamen einen Kübel mit Trinkwasser für die »Reise« und einen anderen Kübel, der als »Toilette« dienen sollte, in den Waggon gestellt. Man riegelte die Tür zu und mit einem Schlag war es fast dunkel, obwohl es draußen noch heller Tag war. Nur durch ein paar kleine Fensterschlitze, die ziemlich weit oben im Waggon angebracht waren, fiel etwas Tageslicht. Als sie uns einschlossen, nahmen wir es zunächst sehr ruhig auf, und nach einer kurzen Diskussion entschlossen wir uns, mit unserem Gepäck Sitzreihen zu bauen und uns dann Rücken an Rücken zu setzen, damit jeder den gleichen Raum zur Verfügung hätte. Platz um sich hinzulegen, gab es sowieso nicht, dazu waren zu viele Menschen in dieser Enge zusammengepfercht. Der Zug fuhr mit einem schrecklichen Ruck an, und wir wurden alle übereinander geworfen. Ruhig nahmen wir unsere Plätze wieder ein.

Deportation von Juden mit Viehwaggons der Reichsbahn nach Auschwitz. 80 bis 100 Menschen wurden in einem Waggon zusammengepfercht.

Wir alle hatten noch ein paar Lebensmittel dabei, aber fast nichts zu trinken. Die einzige Belüftung bestand aus den zwei extrem kleinen vergitterten Fenstern. Sauerstoffmangel und Durst quälten uns fürchterlich während der dreitägigen Fahrt. Niemand von uns hatte damit gerechnet, dass der Transport so lange dauern würde. Alle machten sich natürlich ihre Gedanken darüber, wohin es überhaupt gehen sollte. Viele Vermutungen kursierten, aber niemand hatte eine schlüssige Erklärung. Wir alle hofften nur, endlich am Ziel zu sein.

Jeder konnte nur einen Schluck Wasser pro Tag aus dem Wasserkübel nehmen und das bei großer Hitze im Juni. Schon nach kurzer Zeit waren die Hitze, der Dreck und der Gestank in unserem Waggon unerträglich geworden. Der Eimer, der als »Toilette« diente, lief bereits nach kurzem über und wir hatten keine Möglichkeit ihn zu entleeren. Meine Notdurft musste ich nun neben dem Eimer verrichten. Ich schämte mich so sehr, dies vor aller Augen tun zu müssen. Aber mit diesem Gefühl war ich nicht allein. Hauptsache, mein Vater und meine Mutter waren in meiner Nähe. Hauptsache, ich würde sie nicht verlieren. Meine Mutter hat während der gesamten Zeit immer wieder geweint. Sie war so verzweifelt. Ich habe ihr Gesicht und ihre Hände gestreichelt und bin ganz dicht in ihrer Nähe geblieben. Mein Vater versuchte die Ruhe zu bewahren, er ließ sich seine Verzweiflung nicht anmerken, aber je länger die Fahrt dauerte, desto mehr schien es ihm seine Sprache zu verschlagen.

Immer mehr begannen die Menschen zu kämpfen, und immer mehr verloren ihre Selbstbeherrschung. Männer und Frauen schrien und stöhnten durcheinander, Kinder und auch viele Erwachsene weinten. Einige Leute fielen in Ohnmacht, wurden bewusstlos, andere bekamen Nervenzusammenbrüche, wieder andere hockten völlig teilnahmslos auf dem Boden. Es gab sogar einige Todes-

Ungarische Juden warten nach der Ankunft ihres Deportationszuges im Juni 1944 auf der Rampe in Auschwitz.

fälle während der dreitägigen Fahrt in unserem Waggon. Die Toten mussten einfach zwischen uns liegen bleiben. Zu meinem Glück behielt mein Vater weiterhin seine Ruhe, und meine Mutter schien sich zu fangen. Zumindest ließ sie sich ihre Verzweiflung nicht mehr anmerken. Das wirkte sich natürlich auch positiv auf mich aus. Ohne sie hätte ich diese schrecklichen Tage im Waggon kaum überstehen können.

Nach drei Tagen blieb der Zug plötzlich stehen. »Endlich«, dachten wir alle. Wir hörten Geschrei und einen eigenartigen Lärm von draußen. Die Tür des Waggons wurde geöffnet und wir erblickten das Bahnhofsschild.

»Auschwitz« war dort zu lesen. Ein Ortsname, den wir noch nie gehört hatten. Wir hatten keine Ahnung, wo wir waren, aber alle Anzeichen deuteten darauf hin, dass es sich um ein Gefängnis oder ein bewachtes Lager handelte. Häftlinge in gestreifter Kleidung und uniformierte Deutsche – wie wir später erfuhren, alles SS-Angehörige – machten sich an uns zu schaffen. Sie rissen und zerrten uns brutal und in großer Eile aus den Waggons auf die Rampe herunter, ohne Rücksicht darauf, dass wir, nach der langen Bahnfahrt und dem Eingesperrtsein im engen Waggon, kaum in der Lage waren, uns zu bewegen. Das Wenige, was uns von unseren »Besitztümern« noch geblieben war, mussten wir im Waggon zurücklassen.

Mutterseelenallein

Mein erster Gedanke beim Verlassen des Waggons galt meiner Schwester. Meine Eltern und ich suchten in der großen Menschenmenge verzweifelt nach ihr, aber vergebens. Wohin wir auch blickten, wir konnten sie nicht entdecken. Wir trösteten uns gegenseitig damit, dass es sicher noch andere Gelegenheiten geben würde, sie wiederzufinden. Insgeheim hatte ich allerdings die Hoffnung angesichts der Menschenmassen auf dem Bahnsteig schon jetzt verloren. Wie – unter all den Tausenden – sollte dies möglich sein?

Zeit, um uns lange umzusehen und nachzudenken, hatten wir sowieso nicht. Die SS-Leute trennten uns Frauen blitzschnell unter Prügeln und mit »Los, los!«-Rufen von den Männern, die gemeinsam mit uns in den Waggons gewesen waren. In Fünferreihen wurden Frauen und Männer unter barbarischem Geschrei der Wachmänner separat aufgestellt. So war auch mein Vater plötzlich nicht mehr an unserer Seite. Ich hielt gemeinsam mit meiner Mutter Ausschau nach ihm, wir konnten ihn aber nicht entdecken. Er war einfach weg, von der anonymen Masse verschluckt. Er war Teil von ihr geworden, aufgesogen von ihr. Mutter und ich haben uns nicht einmal von

Ankunft in Auschwitz nach drei Tagen Fahrt im Viehwaggon: Aranka Adler gehörte zu denen, die vor den Waggons fotografiert wurden. Sie ist auf der linken Hälfte des Fotos mit Kopftuch zwischen Müttern mit Kindern zu sehen.

ihm verabschieden können! Kein letztes Wort, kein letzter Blick, keine Umarmung. Nach dem Verlust von Aranka auf dem Bahnsteig bei unserer Abfahrt in Leva hatte ich nun auch meinen Vater nicht mehr bei mir. Aber immerhin blieb mir als 14-jährigem Mädchen nun noch meine Mama, an die ich mich nun umso enger klammerte, um sie in all dem Getümmel nicht auch noch zu verlieren.

Wir Frauen näherten uns dem Lagereingang, bei dem mehrere SS-Soldaten standen, an ihrer Spitze ein eleganter SS-Offizier mit weißen Handschuhen. Wie sich später herausstellte handelte es sich um den SS-Arzt Dr. Josef Mengele, der eine traurige Berühmtheit dadurch erlang-

Selektion an der Rampe in Auschwitz.

te, dass er Juden, insbesondere Zwillingskinder, für grausame Menschenversuche missbrauchte. Mit einem Wink seines Zeigefingers schickte er in Sekundenbruchteilen meine Mutter nach links und mich nach rechts.

Nein, nicht auch das noch! Ich wollte nicht auch noch meine Mutter verlieren, sie sollte auf keinen Fall von mir getrennt werden! Ohne auf die SS-Leute zu achten, lief ich meiner Mutter hinterher. Sie war mein letzter Halt, meine einzige Stütze. Ohne sie konnte ich hier an diesem schrecklichen Ort nicht leben. Woran sollte ich mich orientieren, wenn auch sie noch verlorenging? Ein SS-Mann sah dies, machte eine Bewegung und versuchte mit einem Gummiknüppel auf meinen Kopf zu schlagen. Blitzschnell konnte ich ihm ausweichen. Aber schon holte er ein zweites Mal aus. Meine Mutter, die dies alles noch im Blick hatte, bekam offensichtlich große Angst, dass er mich verletzen würde und rief mir zu: »Blanka, geh nur, wir werden uns bestimmt später treffen!«

Das war der letzte Satz, den ich von meiner Mutter hörte. Nie mehr habe ich sie wiedersehen können, meine geliebte Mutter. Einige Zeit später erfuhr ich, dass der Wink nach links bei der Selektion den sofortigen Tod für alle, die auf diese Seite geschickt wurden, bedeutete. Älteren Frauen und Kinder – die man für nicht mehr oder noch nicht arbeitsfähig hielt – wurden sofort in den Gaskammern getötet. Heute weiß ich, dass allein im Sommer 1944 von den ankommenden Transporten ungarischer Juden fast 400.000 Menschen in den Tod geschickt wurden. Die restlichen, weniger als 20 Prozent, sollten zur Sklavenarbeit in der deutschen Industrie verwendet werden. Über jeden einzelnen Transport, der in Auschwitz ankam – in der Regel 3000 Juden – wurde akribisch Buch geführt. Festgehalten wurde allerdings nur die Zahl derjenigen, die die Selektion überlebten und die dann in das Lager eingewiesen wurden. Weiter ist jeweils in dem Kalendarium des KZs vermerkt »Die übrigen wurden vergast.«

Nachdem ich also keine Möglichkeit gehabt hatte, meiner Mutter an der Rampe zu folgen, blieb mir keine andere Möglichkeit, als nach rechts zu gehen. Ich sah eine Weile meiner Mutter nach, solange bis sie zwischen den anderen Frauen verschwunden war. Tränen schossen mir in die Augen, ich weinte bitterlich, denn nun war ich wirklich ganz allein in einer fremden, bedrohlichen Welt, in der ich nicht wusste, was auf mich zukommen würde. Was erwartete mich als nächstes?

In dem Moment der Trauer keimte wieder ein wenig Hoffnung in mir auf, zumindest noch meine Schwester zu finden. Sie musste doch hier irgendwo sein. In dem Augenblick, in dem meine Mutter verschwand, begann ich wieder nach meiner Schwester zu suchen. Aber in der großen Menschenmasse, wie sollte ich sie da entdecken?

Fünferreihen wurden gebildet und man jagte uns in eine Halle. Dort wurde uns befohlen, uns völlig nackt auszuziehen. Ich konnte es nicht glauben! Was hatten sie vor mit uns? Nicht einmal meiner Schwester hatte ich mich in den letzten Jahren nackt gezeigt, geschweige denn meinen Eltern. Und nun sollte ich mich hier vor all den fremden Menschen entkleiden? Ich schämte mich so sehr, aber tat wie all die anderen das, was uns befohlen wurde. Was würde als nächstes passieren? Wir sollten uns gut merken, wo wir unsere Kleidung abgelegt hatten, damit wir sie später wiederfinden würden. Nachdem ich eine Weile ganz nackt dort mit vor der Brust verschränkten Händen dagestanden hatte, wurden uns befohlen, in eine andere Halle zu gehen.

Frauen und Männer in gestreifter Kleidung und auch SS-Leute packten uns und machten sich an uns brutal zu schaffen. Sie kamen mit Scheren und Rasierapparaten, schnitten uns zunächst die Kopfhaare bis auf ein paar verbleibende Stoppelreste zurück. Anschließend rasierten sie uns den Kopf, die Achselhaare und die Schambehaarung. Eine entwürdigende Prozedur, die ich wie in einem schlimmen Alptraum völlig apathisch über mich ergehen ließ. Mein Gehirn hatte sich einfach ausgeschaltet, sonst hätte ich das nicht ertragen können. Ich sah keine Menschen mehr, die das mit mir taten. Es mussten ferngesteuerte Roboter sein.

Doch damit noch nicht genug. Unsere Würde sollte offensichtlich völlig gebrochen werden, wir sollten uns nicht mehr als Menschen fühlen. Wie auf einem Laufband mussten wir danach unter die Duschen. Unsere Freude über das frische Wasser dauerte nicht lange, denn dieselben Menschen-Roboter wie vorher kamen wieder und spritzten uns ein außergewöhnlich schmerzhaftes, schrecklich brennendes Desinfektionsmittel, nass wie wir waren, auf den Kopf und unter die Achselhöhlen. Zu guter Letzt waren wir gezwungen uns zu bücken, damit wir auch noch eine Ladung des Mittels in unseren Intimbereich gespritzt bekommen konnten. Das alles war für mich als 14-jähriges Mädchen zutiefst demütigend. Wir waren von einem Moment zum anderen bereits nicht mehr dieselben Menschen, die in Auschwitz angekommen waren.

Das einzige Persönliche, was uns noch blieb – unsere Bekleidung, die wir vor dieser besonderen Behandlung ordentlich ablegen sollten –, haben wir nun auch nicht mehr wiedergefunden. Lediglich unsere Schuhe erhielten wir zurück. Mit nassen Körpern mussten wir uns wieder in Fünferreihen aufstellen und auf unsere Ersatzkleidung warten.

In dieser Situation der absoluten Hoffnungslosigkeit, des völligen Alleinseins innerhalb der großen Menschenmasse, nackt und frierend, passierte etwas, an das ich nun nicht mehr geglaubt hatte. Ich hörte plötzlich – als wäre ein Wunder geschehen – irgendwo hinter mir die Stimme meiner Schwester. Ich blickte mich um. Hatte ich Halluzinationen? Hatte mein Gehirn all das Furchtbare, das in der kurzen Zeit seit unserer Ankunft passiert war, nicht verkraften können? Hörte ich Stimmen, die gar nicht da waren? Ich konnte Aranka nicht entdecken in den Reihen all dieser glatzköpfigen nackten Frauen und Mädchen. Doch mein Blick suchte weiter. Da! Das könnte sie sein! Ja, das war sie! Unsere Blicke trafen sich und in diesem Moment rannten wir schon aufeinander zu. Wir fielen uns schweigend in die Arme, drückten und umarmten uns, hielten uns so fest, dass uns niemand mehr voneinander trennen konnte. Splitternackt und kahlköpfig hatten wir uns kaum erkannt. Wir versprachen uns in diesem Moment, dass die eine der anderen nie wieder von der Seite weichen würde.

Zum Glück hatte niemand vom Wachpersonal diese Szene bemerkt, wir schielten zu den SS-Leuten herüber, die mit anderen Dingen beschäftigt waren, und so hatten wir Gelegenheit, die Plätze so zu tauschen, dass wir nun nebeneinander in der Fünferreihe standen. Ich war nicht mehr allein! Aranka war wieder bei mir, mein Herz hüpfte vor Freude, in dieser menschlich eigentlich absolut ausweglosen Situation. Aranka, meine Schwester, an die ich mich klammern konnte, die mir Orientierung geben konnte, war wieder in meiner Nähe! Gemeinsam könnten wir stark sein, gemeinsam würden wir alles durchstehen können, was auch immer noch auf uns zukommen mochte.

Ungarische Jüdinnen stehen, nachdem sie geschoren, desinfiziert und neu eingekleidet worden waren, zum Appell vor einer Baracke.

Schließlich teilte man uns irgendwelche völlig zerfetzte Kleidung aus. Ich bekam ein total zerrissenes Kleid. Unterwäsche und Strümpfe erhielten wir überhaupt nicht. Mit roter Farbe pinselte man uns einen großen roten Streifen auf den Rücken unseres »Gewandes« um uns zu kennzeichnen. Dann schien die entwürdigende Empfangsprozedur im Lager endlich zu Ende zu sein und ich hoffte darauf, nun an einen Platz zu kommen, an dem ich gemeinsam mit Aranka zumindest ein wenig durchatmen und mich von den Strapazen erholen konnte.

Zählappell, Hunger, Durst

Doch an Ausruhen war noch nicht zu denken. Ganz im Gegenteil. Wir marschierten los und kamen nach kurzem Marsch im Lager B III in Birkenau an. Das Lager Birkenau bestand aus großen Holzbaracken, die noch nicht einmal fertiggestellt waren, als wir dorthin gebracht wurden. Es gab keinerlei Einrichtungsgegenstände in den Baracken, keine Betten, kein einziges Möbelstück, nur den kahlen Boden. In einer solchen Baracke wurden wir mit etwa 800 Frauen zusammengepfercht. Der Holzfußboden sollte unser Quartier für die nächste Zeit werden. Wir hatten in der totalen Enge kaum Platz, um uns dort niederzulegen oder gar umzudrehen, wenn wir einen Platz ergattert hatten. Und wenn jemand in der Nacht auf die Latrine musste, die sich neben der Baracke befand, konnte er nur auf und zwischen die anderen Körper tretend hinausgehen. Der Platz, den man vorher mühsam erkämpft hatte, war bei der Rückkehr dann natürlich nicht mehr frei, und man musste sich unter allergrößten Mühen einen anderen Platz suchen. So verbrachte ich die erste Nacht in unserem neuen »Domizil«, fest umschlungen mit meiner Schwester auf dem Fußboden in dieser unbeschreiblichen Enge. Trotz der traumatischen Erlebnisse der ver-

Die Holzbaracken in Birkenau. Beim Eintreffen von Blanka waren sie noch nicht komplett fertiggestellt.

gangenen Tage schlief ich tief und fest, ohne daran zu denken, was mich am nächsten Tag erwarten würde.

Der folgende Tag sollte darüber entscheiden, ob mein junges Leben überhaupt weitergehen würde. Denn es war der Tag, an dem mir die Lüge »Ja, ich werde sogar schon bald 17!« mein Leben rettete.

Doch was ist von meinem Leben überhaupt übriggeblieben nach der Trennung von meinen Eltern und nachdem ich hier an diesem unbeschreiblichen Platz gelandet war? Ich befinde mich hier an diesem Ort, so kommt es mir vor, auf einem fremden, unbewohnbaren Planeten. Menschliche Gestalten, die aber ihrem Wesen nach nichts Menschliches haben, bestimmen über unser Leben. Wie wird es weitergehen auf diesem Planeten? Was soll nur aus uns werden? Was haben die Außerirdischen mit uns vor?

Diese Fragen bewegen mich und all die anderen. Wir sind voller Angst. Immer und immer wieder bespreche ich diese Fragen mit Aranka. Wir versuchen manchmal, wenn uns dies gelingt, die negativen Gedanken zu verscheuchen, indem wir uns von zuhause, von unseren Eltern, unseren Geschwistern erzählen und uns ausmalen, wie es sein wird, wenn wir all das Schlimme hinter uns haben. Wir malen uns Gedankenbilder von einer schönen Zukunft. Auf diese Weise finden wir Schritt für Schritt ein wenig von unserem Lebensmut wieder. Wir bestärken uns darin, dass wir alles gemeinsam durchstehen werden. Ja, gemeinsam können wir es schaffen ... und dann unsere Eltern, nach denen wir beide uns so sehr sehnen, wiedertreffen.

Das Leben in Birkenau – sofern man den Begriff »Leben« dafür überhaupt verwenden kann – ist ein Kampf, jeden Tag, von der ersten bis zur letzten Minute. Täglich müssen wir um drei Uhr in der Frühe aufstehen, mit Geschrei und Befehlen, raus aus den Baracken und in Fünferreihen zum Zählappell antreten. Man zählt uns ständig. Von hinten nach vorn, von vorn nach hinten. Nur um uns zu schikanieren. In der Frühe ist es in Auschwitz auch im Juni noch bitterkalt. Wir zittern in unserer erbärmlichen Kleidung und drängen uns eng aneinander, wenn immer dies möglich ist, um uns gegenseitig zu wärmen.

Tagsüber dagegen ist es unerträglich heiß. Schatten ist hier nirgends zu finden. Im ganzen Lager gibt es keinen Baum, keinen Strauch, ja noch nicht einmal ein Fleckchen Gras. Es ist wirklich wie auf einem anderen Planeten, eine fremde, feindlich und mir in meinem Kinderkopf unerklärliche Welt. Die Sonne verbrennt unsere Nacken, unsere Gesichter, unsere Ohren und vor allem die völlig ungeschützten kahlen Köpfe.

Zu essen bekommen wir kaum etwas. Wie sollen wir es hier auch nur wenige Tage aushalten? Es ist nicht genug zum Leben, aber gerade noch genug, um nicht am Hunger zu sterben. Wir vegetieren dahin. Wir bekommen am Morgen nach dem Zählappell um sechs Uhr eine schwarze Ersatzkaffeebrühe, die »Auschwitzer-Schwarze-Tränke«. Immerhin ist sie etwas warm! Dazu gibt es unsere tägliche Brotration. Das Brot kann allerdings nicht mit dem verglichen werden, was man im Allgemeinen als Brot bezeichnet. Es ist eine undefinierbare feste Masse, die fürchterlich schlecht schmeckt. Zuerst will ich es nicht essen, es ist mir zu ekelhaft, doch Aranka besteht darauf, weil wir keine Alternative haben – außer zu verhungern. In den ersten Tagen weigern sich einige unserer Kameradinnen, ihre Ration zu essen, doch schon bald bleibt ihnen nichts anderes übrig, wenn sie leben wollen. Es ist das einzige Lebensmittel, das uns zumindest etwas satt macht, und alle essen es schon bald komplett am Morgen auf, um den ersten Hunger am Tage zu stillen. Manchmal, aber nur sehr selten, erhalten wir tagsüber etwas Marmelade oder ein Stückchen Margarine zu dem Brot. Allerdings haben wir bis zu dieser Zuteilung unser bisschen Brot schon längst aufgegessen.

Das sogenannte Mittagessen müssen wir stehend in Fünferreihen verzehren. Die erste in der Reihe bekommt eine Schüssel mit einer Brühe, die aus getrocknetem Gemüse, Aststücken und einem Misch-Masch, der nicht erkennen lässt, worum es sich überhaupt handelt, gekocht wird. Die Schüssel, voll mit Brühe, soll für alle Fünf in der Reihe reichen. Einteilen müssen wir es uns selbst. Löffel gibt es keine. So trinkt jeder zwei bis drei Schluck aus diesem unförmigen Gefäß und gibt dann das Essen an die Nächste weiter. Das geht so lange, bis die Schüssel leer ist. Satt sind wir davon noch lange nicht. Der Hunger gehört zu unserem ständigen Wegbegleiter, und wir lernen, damit zu leben. Es kommt vor, dass wir ein Kartoffelstückchen oder etwas Ähnliches in der Brühe finden. Dann ist unsere Freude natürlich groß. Wir nehmen einen scharfen Stein und teilen das Stückchen in fünf Teile, so dass jeder etwas davon hat.

Viel schlimmer als der Hunger ist aber der Durst. Mit ihm komme ich kaum klar, er treibt mich manchmal fast zum Wahnsinn. Die Trockenheit schnürt uns bei der täglichen Hitze unsere Kehlen zu.

Durch das Lager läuft ein Graben mit stinkender, wasserähnlicher Brühe. Viele von uns können den Durst einfach nicht mehr aushalten und trinken von dem verseuchten Wasser. Sie wissen, dass das bei ihrem schon geschwächten Zustand schlimme Folgen für sie haben kann, dennoch tun sie es. Elend gehen viele daran zugrunde, nichts kann ihnen mehr helfen, niemand außer uns Mitgefangenen kümmert sich um sie. Manchmal stelle ich mir die Frage, ob sie den besseren Weg gewählt haben, denn ihr Leiden hat ein Ende. Aber ich will leben!!! Ich bin doch noch so jung, habe alles noch vor mir, ich möchte auch die schönen Seiten des Lebens kennenlernen! Aranka und ich sprechen uns in solchen Situationen immer wieder neuen Lebensmut zu, erzählen uns Geschichten, fantasieren vor uns hin.

Gelegentlich kommt ein Tankwagen und bringt uns Trinkwasser in zwei verrosteten Becken aus Blech. Wir können diesen Moment kaum erwarten und stürzen uns auf das frische Wasser. Der sadistische Chauffeur – ein SS-Soldat – jagt uns jedes Mal vom Wasser weg, nimmt ein schmutziges Tuch aus seinem Wagen und wäscht mit unserem Trinkwasser in aller Seelenruhe erst einmal sein Auto, während wir es kaum noch aushalten können und auf den Moment der Erlösung warten. Endlich beendet er seine Prozedur, und wir stürzen uns auf das Wasser. Dass dies nun vom Autowaschen schmutzig ist, stört uns wenig. Doch der Chauffeur hat uns noch nicht genug gequält. Sein Sadismus ist grenzenlos. Er holt einen Spazierstock aus dem Wagen, und packt damit einige von uns am Hals, um sie damit ins Wasser zu ziehen. Ich habe Glück, dass ich ihm gerade noch ausweichen kann. Dabei hat er seinen Spaß und er lacht wie ein Wahnsinniger dazu. Jedes Mal, wenn er wieder kommt, um uns Wasser zu bringen – leider viel zu selten – läuft das Ritual auf die gleiche Weise ab. Wir nehmen es hin, weil wir wissen: Dieser ekelhafte Sadist ist der Einzige, der unseren unerträglichen Durst löschen kann.

Im Verlaufe der nächsten Wochen magern wir immer mehr ab und werden schwächer und schwächer. Viele Frauen werden krank, unsere geschwächten Körper sind anfällig für jede Infektion. Einige sterben an Typhus oder einfach an Schwäche. Immer mehr Frauen werden bei den regelmäßig stattfindenden Selektionen ausgesondert und in die Gaskammer geschickt. Ja, das ist uns mittlerweile klar, was mit denen geschieht, die selektiert werden. Zunächst ist es nur ein Gerücht, das sich schnell herumspricht. Andere Häftlinge flüstern uns zu, dass wir uns nicht krankmelden sollen, weil wir sonst vergast würden. Wir wollen es nicht glauben, dass so etwas Undenkbares möglich ist, und geben uns trotz besserem Wissen immer noch der Illusion hin, es sei alles nur Panikmache. Alles andere können unsere Gehirne nicht verkraften, ohne völlig zu verzweifeln.

Nach fünf unendlich erscheinenden Wochen mit immer gleichen Tagesabläufen, mit Willkür, Angst, Verzweiflung und Bedrohung kommt der 18. Juni, mein fünfzehnter Geburtstag, auf den ich mich noch wenige Monate zuvor so sehr gefreut hatte. Ich wollte ihn mit meinen Schulkameradinnen und mit meiner Familie feiern. Mutter hätte eine Geburtstagstorte gebacken, ich hätte kleine Geschenke bekommen und wir hätten alle zusammen einen fröhlichen Tag verbracht. Aber jetzt?

Wir werden an meinem Geburtstag wie immer mitten in der Nacht geweckt. Ich liege auf dem Barackenboden eng umschlungen mit Aranka, und bevor Aranka überhaupt gratulieren und mir ihre guten Wünsche sagen kann, müssen wir schon nach draußen. Stundenlanges Appellstehen in der morgendlichen Kälte, bevor ich meinen »Geburtstagskaffee« bekomme: Auschwitzer-Schwarze-Tränke und dazu ein Stück trockenes Brot. Mein Geburtstag ... ein weiterer endloser Tag in Auschwitz mit Erniedrigungen und Demütigungen. Nur Aranka nimmt von

Tötungsfabrik Auschwitz. Rauch steigt aus dem Schornstein des Krematoriums, in dem Tausende nach der Tötung durch Giftgas verbrannt wurden.

diesem für mich eigentlich besonderen Tag Kenntnis, und wir versuchen uns vorzustellen, wie es gewesen wäre, diesen Tag mit unseren Eltern und Geschwistern gemeinsam zu feiern. Doch wir halten das nicht lange aus, ohne Tränen in die Augen zu bekommen. Unendliche Traurigkeit und Verzweiflung überkommt mich, als ich an diesem Abend einschlafe. Ich halte Arankas Hand fest und möchte sie nie wieder loslassen.

Am nächsten Tag kommen männliche Häftlinge, die schon ab und zu in unserem Lager gewesen sind. Sie müssen die Latrine putzen und klären uns nun schonungslos über Auschwitz auf: Die Selektionen dienen dazu, die Arbeitsfähigen von denen zu trennen, die nicht arbeitsfähig sind. Wer zu der zweiten Gruppe gehört, über den ist das Todesurteil gesprochen worden. Man führt die Selektierten in einen Duschraum, aber aus den Duschen kommt kein Wasser, sondern Gas. So werden tatsächlich Hunderte, ja sogar Tausende umgebracht. Die Leichen verbrennt man in einem Krematorium, das Tag und Nacht auf Hochtouren läuft.

Jetzt ist uns auch die Bedeutung der hohen Schornsteine klar: Es sind die Schornsteine des Krematoriums, und der Rauch, der über das Lagergelände zieht und einen unangenehmen Geruch verbreitet, das sind die Todesschwaden unserer Freunde und Verwandten. Der Gedanke daran schnürt mir die Luft ab: Auschwitz ist nichts anderes als eine riesige Tötungsfabrik. Alles ist darauf eingestellt, Menschen umzubringen, in rasender Geschwindigkeit und ohne Rest.

Ein Gedanke schießt immer wieder durch meinen Kopf: Mutter! Sollte sie auch wirklich ...? Nein, sie muss leben! Aber ich kann diesen Gedanken nicht mehr verdrängen, bis auch dies zur traurigen Gewissheit wird: Mutter ist tot. Zunächst spreche ich mit Aranka nicht darüber, wir schweigen uns an, haben beide offensichtlich die gleichen Gedanken, aber sprechen sie nicht aus. Wortlos fallen wir uns schließlich in die Arme und lassen unseren Tränen freien Lauf. Wie gut, dass wir uns noch haben!

Die Selektion als Rettung

Was soll aus uns werden? Wie wird es weitergehen? Warten auch wir nur auf unseren Tod? Uns ist klar, dass unser körperlicher Zustand immer erbärmlicher wird und es nur noch eine Frage der Zeit ist, wann auch wir den Weg, den unsere Mutter wohl bereits hinter sich hat, gehen müssen. Aber wir wollen leben! Wir geben uns nicht auf, erzählen uns weiter Geschichten von unserem Zuhause und malen uns eine bessere Zukunft aus. Wenn wir die Hoffnung verlieren, ist alles vorbei. Das ist das einzige, was uns noch bleibt, was uns hilft, unsere Würde als Menschen zu erhalten. Wir wollen leben!

Doch jede Selektion wird zur Tortur. Ständig leben Aranka und ich in der Angst, voneinander getrennt zu werden. Wir versuchen unsere Verletzungen zu verstecken. Aber das ist fast unmöglich, wenn wir nackt, die Kleidung über unserem Körper haltend, an Mengele und seinen Schergen vorbeimarschieren müssen. Meine eiternde Wunde am Fuß, die durch die völlig zerschlissenen Schuhe entstand, die ich ohne Strümpfe tragen muss, versuche ich zu verbergen. Meinen vom Sonnenbrand geschwollenen Körper kann ich allerdings vor diesen zynischen und sadistischen Männeraugen nicht verstecken.

Mit allen mir noch zur Verfügung stehenden Kräften versuche ich mich so zu halten, dass ich einen gesunden Eindruck auf Mengele mache. Wir versuchen unsere Würde nicht ganz zu verlieren und marschieren in stolzer Haltung an den Unmenschen vorbei.

Nach sieben Wochen in Auschwitz findet Ende Juli eine weitere, diesmal offensichtlich sehr groß angelegte Selektion statt, bei der eine größere Gruppe ungarischer Mädchen und Frauen ausgewählt wird – wie ich später erfahre genau Tausend. Wir ziehen, wie so oft, an Mengele und seinen Männern vorbei. Zitternd vor Angst versuchen wir wieder einmal Haltung zu bewahren und unsere Verletzungen nicht zu zeigen. Wird es uns auch diesmal gelingen? Aranka und ich bleiben wie immer dicht zusammen, aber dennoch ist sie wieder da: die Angst, voneinander getrennt zu werden. Geringschätzig werden wir betrachtet, wie Vieh taxiert. Warum sieht man uns diesmal noch genauer als sonst an? Der Fingerzeig geht nach rechts für Aranka, die vor mir geht, und auch für mich deutet der Finger in die gleiche Richtung. Wir gehören zu den tausend Ausgewählten – ohne zu wissen, was nun aus uns wird, was diese Auswahl bedeutet.

Man führt uns auf ein Feld in der Nähe des Lagers, die Sonne steht tief, es ist schon gegen Abend. Nichts weiter passiert. Was haben sie mit uns vor? Die ganze Nacht über lässt man uns frierend dort verharren. Warum? Ist es auch für uns jetzt soweit? Aber warum dann nicht gleich? Gegen Morgen, es war noch nicht ganz hell, jagt man uns in ein Gebäude. Es ist sofort als eine Desinfektionsstation zu erkennen. Wir bekommen den Befehl, uns auszuzie-

Vollbestand vorhanden Frauen

Politische Abteilung Weimar-Buchenwald, den 19. Sept. 1944.

Neuzugänge vom 19. Sept. 1944. 1000

1000 weibl. Häftlinge vom KL. Auschwitz nach Außenkdo Hess. Lichtenau. (Jüdinnen).

Politische Ungarinnen (Jüdinnen)

Nr.	Name	Vorname		Geb.-Datum	Geburtsort	Beruf
1. 20008	Aca, Magda		ld	6. 2.16	Szatmarnemethy	Professor
2. 20002	Adler	Arany	ld	15.10.23	Aknaszlatina	Näherin
3. 20003	Adler	Blanka	ld	18. 6.27	"	Studentin
4. 20004	Adler	Teres	ld	18. 6.04	Mezökövesd	ohne B.
5. 20005	Adler	Zelma	vh	17. 2.02	Erdöbénye	ohne B.
6. 20007	Alföldi	Klara	vh	12.12.06	Budapest	Weberin
7. 20973	Almasi	Irma	vh	22. 8.06	Szekelyszenterzsebet	ohne B.
8. 20016	Alschuh	Etus	ld	15.11.24	Marosh[illegible]	Näherin
9. 20011	Altbach	Rozalia	ld	24. 3.12	Zagony	ohne B.
10. 20008	Altmann	Klara	ld	21. 8.26	Porosalo	Studentin
11. 20009	Altmann	Maria	vh	17. 9.06	Tapolca	ohne B.
12. 20010	Altmann	Zsusza	ld	27. 6.27	Porosalo	Studentin
13. 20015	Apfel	Erzsebet	vh	9. 4.02	Tolna-Tamasi	ohne B.
14. 20012	Apter	Eszter	ld	2. 5.26	Borsa	ohne B.
15. 20020	Ascher	Margit	ld	28. 4.23	Garamszentgyörgy	"
16. 20019	Ascher	Viola	ld	21. 5.21	Garamszentgyörgy	"
17. 20017	Ausch	Aura	ld	15. 6.20	[illegible] Makofalva	Köchin
18. 20018	Ausch	Margit	vh	13.11.09	Szombathely	ohne B.
19. 20972	Ausch	Piroska	ld	19.12.22	Makofalva	Köchin
20. 20014	Ausländer	Ella	ld	4. 1.20	Gördöböly	ohne B.
21. 20013	Ausländer	Hajnal	ld	23. 9.22	Sata	Näherin
22. 20038	Balajti	Zsuzsanna	ld	27. 7.23	Kiskole	Näherin
23. 20034	Balasa	Zsuzsanna	ld	31. 7.17	Zalaegerszeg	ohne B.
24. 20068	Balassa	Judit	ld	15.11.21	Budapest	Studentin
25. 20048	Balass	Erzsebet	ld	4. 8.04	Igar	ohne B.
26. 20033	Balasa	Erzsebet	vh	17. 8.06	Paka	ohne B.
27. 20051	Balint	Ilona	vh	24.12.11	Sarvar	ohne B.
28. 20050	Barany	Ilona		29. 9.00 vh	Vese	ohne B.
29. 20109	Baron	Rosa	vh	26. 4.04	Pakod	ohne B.
30. 20108	Baron	Rozsi	ld	9. 3.17	Zalakoppany	ohne B.
31. 20107	Baron	Sara	ld	16. 0.20	Pecsa	ohne B.
32. 20046	Bartos	Margit	ld	5. 3.06	Keszthely	Kiedermeist.
33. 20045	Bauer	Iren	vh	6. 2.10	Devecser	ohne B.
34. 20082	Baum	Magda	ld	5. 5.20	Budapest	ohne B.
35. 20100	Baumgarten	Marta	ld	6. 9.28	Bojt	ohne B.
36. 20101	Baumgarten	Iren	vh	14. 8.07	Bojt	ohne B.
37. 20043	Baum Baumöhl	Edith	ld	10. 2.26	Ozd	ohne B.
38. 20021	Bayer	Olga	vh	23. 4.10	Balassagyarmat	Schneiderin
39. 20126	Benda	Katalin	ld	30.11.23	Sajovelezd	Näherin
40. 20124	Benda	Magda	ld	23. 5.21	"	Näherin
41. 20123	Benda	Margit	ld	6. 5.23	Barcika	Näherin
42. 20125	Benda	Sari	ld	30.12.22	Sajovelezd	ohne B.
43. 20040	Bender	Eva	ld	20. 9.12	Zalalövö	ohne B.
44. 20070	Benedek	Gizella	vh	28. 2.07	Hegyfalu	ohne B.
45. 20076	Berger	Edith	ld	10. 6.16	Budapest	Lehrerin
46. 20080	Berger	Iren	ld	19.11.14	Pacsa	ohne B.
47. 20074	Berger	Irene	vh	18. 4.02	Mohacs	Pflegerin
48. 20073	Berger	Irma	vh	25. 9.05	Zamardi	ohne B.
49. 20081	Berger	Kornelia	ld	26.12.15	Pacsa	ohne B.
50. 20079	Berger	Lenke		17. 4.17 ld	Pacsa	ohne B.

0012322

Transportliste von Auschwitz nach Hessisch Lichtenau, ausgestellt von der Verwaltung des KZ Buchenwald am 19. September 1944, nachdem die Frauen und Mädchen am 2. August in Hessisch Lichtenau eingetroffen waren. An zweiter und dritter Stelle der 17 Seiten umfassenden Liste sind Aranka (Arany) und Blanka (mit dem falschen Geburtsjahr 1927) Adler verzeichnet.

Ungarische Jüdinnen in Auschwitz, zur Zwangsarbeit für die deutsche Rüstungsindustrie selektiert, bereit zum Abtransport.

hen, anschließend müssen wir in den Duschraum gehen. Wir warten auf Wasser – und auf einmal geht das Licht aus. Panik bricht aus, wir schreien und einige versuchen, die Fenster aufzubrechen. Wir denken: »Jetzt ist es soweit, jetzt müssen wir sterben!« Aranka und ich umklammern uns verzweifelt und warten so auf den Tod. Doch was ist das? Die Tür wird geöffnet, und SS-Männer brüllen in den Raum hinein, wir sollen ruhig bleiben, das Licht sei ausgemacht worden, weil Luftalarm sei. Sollen wir ihnen wirklich glauben? Wir warten unsicher. Nichts geschieht, bis das Licht angeht und schließlich – wie eine Erlösung – tatsächlich Wasser aus den Duschen fließt. Wir leben! Wir wollen weiterleben! Voller Freude lassen wir das Wasser über unsere geschundenen Körper strömen.

Nach dem Duschen werden wir neu eingekleidet. Was heißt neu? Unsere völlig verschlissene Kleidung wird durch etwas bessere ersetzt. Wir alle erhalten nun ein sackartiges Gewand, das wir weiterhin ohne Unterwäsche und Strümpfe tragen müssen. Man bringt uns zum Bahnsteig. Wieder pfercht man uns anschließend in Viehwaggons, wie bei unserem Transport aus Ungarn nach Auschwitz, und wir fahren abermals einem unbekannten Ziel entgegen, nicht wissend wohin und was uns dort erwarten wird. »Wenn du überleben willst, musst du raus aus dieser Hölle kommen«, so hatte ich es immer wieder gehört. Es geht jetzt raus aus dieser Hölle. Was wird uns erwarten? Schlimmer als hier kann es nirgendwo sein.

Hessisch Lichtenau – ein begrenztes Paradies

Am 2. August 1944 kommen wir nach einer langen Fahrt in Hessisch Lichtenau an. Wir müssen schrecklich ausgesehen haben, als wir am Lichtenauer Bahnhof die Waggons verlassen durften. Nachdem uns unser neuer Lagerkommandant, erschöpft und abgemagert wie wir sind, am Bahnhof erblickt, schreit er entsetzt und entrüstet: »Uns sollten Arbeitskräfte geliefert werden und keine Skelette. Wie sollen diese Leute überhaupt in der Sprengstofffabrik arbeiten können?«

Wir werden vom Bahnhof aus von den SS-Leuten in ein Holzbarackenlager, das Lager Vereinshaus, am Rande der Stadt Hessisch Lichtenau geführt. Nach wenigen Minuten Fußweg erreichen wir das Lager. Zum Glück ist der Weg nicht weit. Verglichen mit Auschwitz ist das Lager fast ein Paradies, vor allem zu Anfang denken wir das. Unser erbarmungswürdiger Zustand führt dazu, dass wir zunächst eine Schonzeit im Lager bekommen, in der man uns etwas besser ernährt, damit wir wieder zu Kräften kommen. Denn wir sollen ja in der Lage sein, anschließend für die deutsche Rüstungsindustrie zu arbeiten. Wir sind froh darüber, in einer Fabrik arbeiten zu können, denn das bedeutet für uns, eine Chance zum Überleben

Die beiden Fotos auf dieser Doppelseite zeigen Baracken des Hessisch Lichtenauer KZ-Lagers Vereinshaus am Rande der Stadt im Jahr 1952.

zu haben! Zusätzlich zur anfänglich guten Ernährung bekommen wir nach ein paar Tagen auch endlich Unterwäsche, sogar zum Wechseln. An all dem merken wir, dass man uns hier nicht nur dahinvegetieren lassen will, sondern dass wir als Arbeitskräfte gebraucht werden. Menschenwürdig behandelt werden wir allerdings hier auch nicht, das stellt sich im Verlauf der nächsten Wochen immer mehr heraus.

Unser »Paradies« bröckelt nach und nach, denn wir merken sehr schnell, dass die Arbeit in der Rüstungsfabrik nicht nur körperlich sehr schwer für uns ist, sondern darüber hinaus eine tägliche Lebensgefahr bedeutet. Wir arbeiten in drei Schichten. Zunächst bringt uns ein Zug von Hessisch Lichtenau zum Bahnhof Fürstenhagen, ungefähr drei Kilometer weiter. Von dort laufen wir immer

Die ehemaligen Lagerbaracken wurden in dieser Zeit als Schule genutzt

bergauf, vielleicht zwei Kilometer, durch einen Wald, um durch das Fabriktor dann zu unseren Arbeitsplätzen zu gelangen. Aber der Zug von Lichtenau nach Fürstenhagen kommt nicht täglich, also müssen wir häufig den kompletten Weg zur Fabrik zu Fuß zurücklegen. Mehr als eine Stunde sind wir da unterwegs.

Der lange Fußweg bei Regen, Wind, Frost und Schnee wird für uns, da wir trotz der zusätzlichen Bekleidung nur mangelhaft ausgerüstet sind, immer mehr zu einer Tortur. Unsere abgelaufenen Holzschuhe saugen sich voll mit Wasser, und später, als der Winter einbricht, klebt der Schnee daran. Die SS-Frauen, die uns auf unserem Marsch zum Arbeitsplatz bewachen, erlauben uns nicht, stehen zu bleiben und den Schnee abzukratzen, so dass er teilweise mehrere Zentimeter hoch unter unseren Schuh-

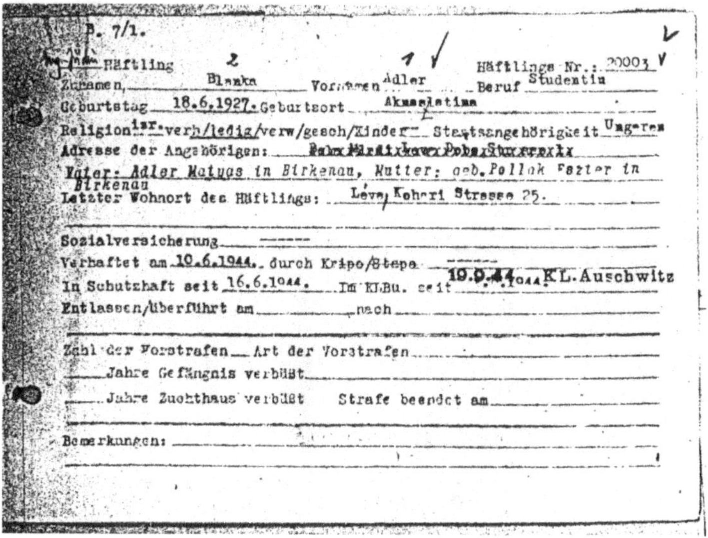

B. 7/1.

Häftling — Häftlings-Nr.: 20003

Zunamen, Blanka — Vornamen Adler — Beruf Studentin

Geburtstag 18.6.1927. Geburtsort Akasztó

Religion isr. verh/ledig/verw/gesch/Kinder — Staatsangehörigkeit Ungarin

Adresse der Angehörigen:

Vater: Adler Matyas in Birkenau, Mutter: geb. Pollak Eszter in Birkenau

Letzter Wohnort des Häftlings: Léva, Kohari Strasse 25.

Sozialversicherung ------

Verhaftet am 10.6.1944. durch Kripo/Stapo ------

In Schutzhaft seit 16.6.1944. Im KLBu. seit 19.9.44 1944 KL.Auschwitz

Entlassen/überführt am — nach

Zahl der Vorstrafen — Art der Vorstrafen

Jahre Gefängnis verbüßt

Jahre Zuchthaus verbüßt Strafe beendet am

Bemerkungen:

Blankas Häftlings-Personalkarte, ausgestellt nach der Zuweisung zum Außenkommando Buchenwald in Hessisch Lichtenau.

sohlen pappt. Manche klopfen ihre Schuhe zusammen, um die Füße zu wärmen. Dann kommen die SS-Frauen und schlagen uns mit Stöcken auf die Beine. Schreckliche Angst habe ich vor den Schäferhunden, die von den Aufseherinnen mitgeführt werden und die sich mit fletschenden Zähnen vor uns stellen, wann immer unsere Bewacherinnen ihnen das befehlen.

Für mich sind diese täglichen Märsche das Schlimmste in meinem Lageralltag. Ich leide darunter mehr als unter der schwierigsten Arbeit oder dem Hunger. Im Sommer rieseln Sand und Kieselsteine in die auf bloßem Fuß getragenen Holzklumpen; stehen bleiben und sie schüt-

Haupteingang zur Sprengstofffabrik Hessisch Lichtenau. Am Wachhäuschen (links) mussten die KZ-Gefangenen jeden Morgen vorbei, nachdem sie schon einen Fußmarsch von einer Stunde und mehr hinter sich hatten. Rechts das Verwaltungsgebäude des Werks (Foto aus den 1950er Jahren).

teln ist unmöglich, es hagelt sofort Prügel. Meine Füße sind andauernd wund. Im Winter sind es der Mangel an Kleidungsstücken, die Kälte und die Holzschuhe ohne Strümpfe, in denen man bergauf und bergab rennen muss, die uns peinigen. Manchmal nehmen einige die Schuhe in die Hand und laufen einfach barfuß weiter. Doch auch wenn unsere Füße blutig gerieben sind, so haben wir doch Angst, uns krankzumelden, denn wir ahnen schon, was auf diejenigen wartet, die arbeitsunfähig werden. Später stellen sich unsere Bedenken als berechtigt heraus.

Einige Male versinken im Winter meine Holzklumpen im hohen Schnee, ich kann sie kaum finden und meine Füße sind so kalt, dass ich kein Gefühl mehr darin habe. Es ist nicht möglich, in diesen Schuhen ohne fürchterliche Qualen einen so langen Weg zu gehen. Täglich kommen wir, kaum in der Lage zu arbeiten, in der Fabrik an. Das merkt wohl auch die Fabrikleitung. Wir sollen ja für sie arbeiten und etwas leisten! Daher bekommen wir nach einiger Zeit anderes Schuhwerk. Lederschuhe, die allerdings knochenhart und von schlechter Qualität sind und das Laufen auch nicht sehr erleichtern. Aber immerhin wärmen sie uns etwas die Füße.

Zu leiden haben wir sehr unter den mitleidlosen SS-Frauen, die uns auf dem Weg zur Arbeit bewachen. Sie treiben uns ohne Rücksicht auf unseren erbärmlichen körperlichen Zustand immer wieder vorwärts, jagen uns mit Schlägen zur Fabrik, damit wir uns zu Schichtbeginn nicht verspäten. Oft müssen wir den Weg durch das Zentrum der Kleinstadt Hessisch Lichtenau gehen, vorbei an den malerischen Fachwerkhäusern. So habe ich mir immer die Gegend vorgestellt, in der die deutschen Märchen der Brüder Grimm spielten, die ich aus meiner Schulzeit kannte. Und tatsächlich erfahre ich viele Jahre später, dass die Gegend um Hessisch Lichtenau das »Frau-Holle-Land« genannt wird und einige grimmsche Märchen hier entstanden sind.

Während des langen Weges hin und zurück erfahren wir keine einzige menschliche Äußerung der Lichtenauer Bevölkerung. Die Menschen tun einfach so, als ob sie uns nicht sehen würden. Sind wir denn unsichtbar? Dabei müssen wir abgemagerten, in Lumpen gehüllten Gestalten eigentlich ein Bild abgeben, an dem man nicht einfach vorbeisehen kann. Aber sie tun so, als ob die Tatsache, dass wir zerlumpt, kahlgeschoren und geplagt daher wandeln, die natürlichste Sache der Welt sei. Ich weiß nicht, was sie empfanden und was sich hinter ihrer Ignoranz verbirgt, ob sie echt ist oder ob die Angst sie motiviert. Ich träume bei unserem Marsch zur Arbeit immer wieder davon, wie es wäre, eines Tages durch dieses wunderschöne Städtchen nicht als Gefangene auf der Straße entlang geführt zu werden, sondern frei und erhobenen Hauptes auf dem Bürgersteig spazieren zu gehen - nicht wissend, dass dieser Traum in Erfüllung gehen würde.

Kanarienvögel

Unsere Arbeitszeit in der Sprengstofffabrik beträgt zehneinhalb Stunden täglich. Wir arbeiten im Drei-Schichten-Rhythmus, auch samstags und sonntags. Manchmal, wenn wir mit unserer Schicht fertig sind, müssen wir noch weitere Arbeiten auf dem Gelände der Fabrik verrichten – das ist unmenschlich, was man von uns verlangt! Dazu kommt noch der An- und Abmarschweg. Haben wir Nachtschicht, die für mich ganz besonders unerträglich ist, lässt man uns auch tagsüber oft noch im Lager arbeiten, so dass dann vier Stunden Schlaf eine Ausnahme sind.

Wir müssen nicht nur gefährliche, sondern täglich auch körperlich schwere Arbeit verrichten. Ich habe das Gefühl, man will uns überall dort haben, wo besonders unangenehme Dinge zu verrichten sind: zur Sprengstoffherstellung, zu Aufräumungsarbeiten auf dem Fabrikgelände, zu Arbeiten im Wald, zum Be- und Entladen von Eisenbahnwaggons, zu Verladearbeiten im Werk, zu Erdarbeiten, wie dem Ausheben von Gräben und Schächten. Wir sind Sklavenarbeiterinnen ohne irgendwelche Rechte, nur dazu da, solche Arbeiten zu verrichten – bis wir umfallen. Und es passiert täglich, dass einige unserer

Lagerkameradinnen vor Schwäche am Arbeitsplatz umkippen.

Einige meiner Bekannten haben es noch schlechter getroffen als Aranka und ich, sie müssen täglich körperlich sehr hart bei einem Bauunternehmen arbeiten, das anscheinend Aufträge für die Sprengstofffabrik zu erledigen hat. Martha ist eine von ihnen. Sie ist zäh und hat einen starken Willen, aber auch sie sagt, es ist kaum auszuhalten. Wenn sie von der Arbeit zurückkommt, liegt sie immer völlig apathisch, fast wie tot auf ihrer Schlafstelle – sofern man sie in Ruhe lässt. Ihre Hände sind rot und wund und voller Blasen und Schrammen.

Die meisten von uns Frauen und Mädchen, so auch Aranka und ich, werden an den besonders gefährlichen Füllstationen und Pressengebäuden eingesetzt. Wir sorgen für die Füllung und den Zusammenbau von Granaten, Minen, Bomben und anderen Geschossen. Aranka, ich und ein paar andere Mithäftlinge sind zuständig für die Anlieferung der Rohlinge auf Wagen, die Füllung der Bombenhülsen mit dem heißen, flüssigen Sprengstoff Trinitrotoluol (TNT), das Versiegeln der Bomben, das Verschrauben, das Einstempeln von Nummern, die Verpackung, die Verladung auf Wagen und für den Transport. Natürlich geschieht dies alles unter strenger deutscher Kontrolle. Bei jedem Arbeitsschritt werden wir überwacht und auch von einigen immer wieder zur Arbeit angetrieben. Aber zum Glück sind hier in der Fabrik nicht alle so.

Ich habe häufig die Aufgabe, den in die Granaten zu füllenden heißen Sprengstoff mit Messingstäbchen sorgfältig zu rühren, damit eine gleichmäßige Abkühlung er-

Im Gießhaus, das zur Füllstation gehörte, wurde der flüssige Sprengstoff TNT mit Gießgefäßen in die Rohlinge eingefüllt. Eine Schutzkleidung, so wie diese beiden Frauen, bekamen die KZ-Gefangenen dabei nicht.

folgt, wodurch im Sprengstoff keine Luftblasen entstehen. Auf der Oberfläche bildet sich dabei eine harte, eisartige Haut. Diese muss man mit dem Stäbchen immer wieder aufbrechen. Ich muss den bitterlich schmeckenden, ungesunden Dampf einatmen, das betäubt mich manchmal, und ich komme oft dann erst zur Besinnung, wenn mir der heiße Sprengstoff ins Gesicht spritzt. Dadurch ist mein Gesicht ständig voll mit größeren und kleineren Brandwunden. Meine Schwester macht sich große Sorgen um mich, wenn sie mich mit diesen Verletzungen sieht. Vor dem Wachpersonal versuche ich dies so gut es geht zu verbergen, denn nach den Erfahrungen von Auschwitz haben wir Angst, bei einer Selektion als nicht arbeitsfähig aussortiert zu werden.

Auch noch andere Arbeiten habe ich zu erledigen, die weit über die Kräfte eines 15-jährigen Mädchens hinausgehen. Manchmal muss ich am Ende eines Laufbandes eine zusammenmontierte beinahe 30 kg schwere Granate ergreifen und ein Stück tragen. Bei dieser Arbeit verletze ich meine Hände oft schwer. Meine vereiterten Wunden soll keiner sehen, auch diese verstecke ich vor den anderen, nur Aranka weiß darüber Bescheid. Sie tröstet mich und spricht mir immer neuen Mut zu. Was für eine wunderbare Schwester! »Wo nimmt sie nur ihre Stärke her?«, denke ich manchmal. Sie ist fast wie eine Mutter zu mir, sie hilft mir, wo sie nur kann, ohne über ihre eigene Situation zu klagen. Sie gibt mir die Wärme, die ich in der kalten Welt, die mich umgibt, brauche, um täglich neu eine Chance zu haben, um überhaupt weiterzuleben, weiterzuarbeiten, alles durchzustehen, nicht zu resignieren, nicht zu verzweifeln.

Den anderen Frauen und Mädchen, die mit mir am gleichen Platz arbeiten, geht es natürlich nicht besser. Aranka ist die gesamte Zeit beim Füllen der Granaten eingesetzt, was ihrer Gesundheit immer mehr und mehr schadet, denn auch sie muss ständig die giftigen Dämpfe einatmen. Sie hustet häufig, und ich als kleine Schwester betrachte mit großer Sorge, wie sie, trotz ihrer psychischen Stärke, körperlich schwächer wird.

Sarah, eine Kameradin, muss von einem großen Kessel die kochende chemische Masse mit einem primitiven Eimer entnehmen und vorsichtig einfüllen. Etliche Male erleidet sie Verbrennungen, als die heiße Flüssigkeit zurückspritzt. Doch sie muss weiterarbeiten, meist ohne ärztliche Versorgung. Lederschürzen als Schutz, so wie sie die deutschen Arbeiterinnen bekommen, hat sie nie erhalten, ebenso wie die anderen ungarischen Frauen. Wir sind Sklavenarbeiter und müssen nicht geschützt werden! Auch Sarah muss ihre Schmerzen und Wunden verheimlichen, sie weiß zu genau, wenn sie sich krank

Diese Arbeit musste Blanka durchführen. Die heiße, flüssige Masse in den Bomben musste mit einem Messingstab sorgfältig umgerührt werden, damit eine gleichmäßige Abkühlung erfolgte und keine Luftblasen entstanden. Die Frauen waren schutzlos den giftigen Dämpfen ausgesetzt. Beim Hochspritzen des TNT kam es zu schmerzhaften Verletzungen.

meldet und nicht weiterarbeiten kann, wird sie für »arbeitsuntauglich« erklärt. Wir alle ahnen, ohne es auszusprechen, welche Folgen das für uns haben könnte.

Auch an der Stanzmaschine, wo man die noch leeren Granaten mit Daten kennzeichnen muss, sind einige von uns beschäftigt. Mit der Stanze muss das Datum in die Granate hineingepresst werden. Voll sind Hände der Frauen mit Eisensplittern, zumal sie auch hier weder Handschuhe noch Lederschürzen zu ihrem Schutz bekommen. Man rät ihnen zu warten, bis die Splitter sich von alleine ausstoßen, um eine Infektion zu vermeiden. Auch dies ist mit vielen Schmerzen verbunden. Andere Frauen und Mädchen, die Granaten stapeln und ver-

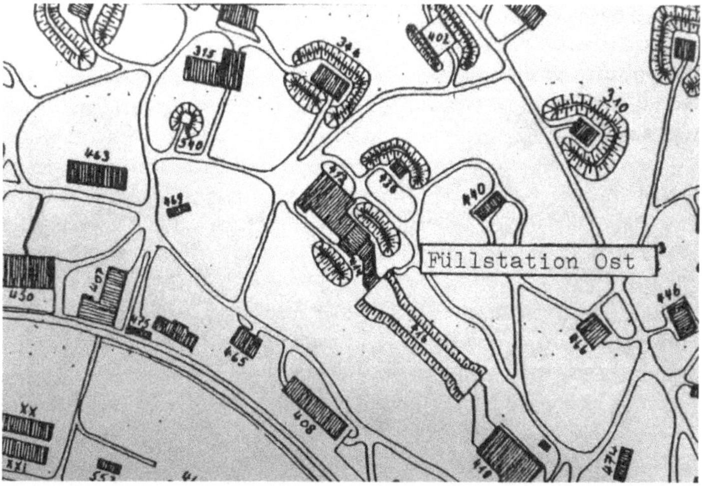

Kartenausschnitt mit dem Gebäudekomplex der Füllstation Ost (Gebäude 412-418), in der die meisten Frauen und Mädchen arbeiten mussten.

packen, können mit den schweren Gewichten kaum hantieren, weil sie einfach zu schwach dafür sind. Oft kommt es vor, dass ihnen die Granaten aus den Händen gleiten. Einem Mädchen aus unserer Baracke ist wenige Wochen nach unserer Ankunft eine Granate auf den Fuß gefallen, aber sie musste weiterarbeiten, ohne ärztliche Hilfe, bis die Wunde von selbst verheilt war.

Einige unserer Mithäftlinge setzt man als »Pferde« ein. Sie müssen flache, vierrädrige Schienenwagen, vollbeladen mit Granaten, durch einen etwa 100 Meter langen Tunnel ziehen. Durch eine schwere Eisentür gelangt man nach dieser Strecke mit dem Wagen ins Freie und schließlich in einen Lagerraum, wo der Wagen entladen werden

Reste eines Produktionsgebäudes auf dem Gelände der ehemaligen Sprengstofffabrik heute.

muss. Von dort aus werden dann ein paar Tage später die Eisenbahnwaggons mit den Granaten beladen. Alles muss sehr schnell erledigt werden. Ständig werden die Frauen an diesem Arbeitsplatz zur Eile angetrieben. Eine solche Granate wiegt mehr als 20 Kilogramm und die Frauen und Mädchen, die dort eingesetzt sind, müssen lernen, zwei zur gleichen Zeit zu handhaben.

Der Umgang mit den giftigen Sprengstoffen ist eine hohe zusätzliche Belastung für unsere schon sehr geschwächten Körper. Die Übelkeit, die am Arbeitsplatz in mir hochkommt, ist manchmal unerträglich. Hunger, leerer Magen, schwere Arbeit, lange Arbeitszeiten, giftige Dämpfe ... wie sollen wir das verkraften, ohne dass es Folgen hat? Hinzu kommt, dass unsere Haut und unsere Haare sich durch den Umgang mit dem Sprengstoff immer mehr von gelb-grün bis rot verfärben. So sehen wir nach ein paar Wochen in der Füllstation alle aus. Das sind, wie ich erst später erfahre, beginnende Erscheinungen einer schweren Leberschädigung. Als wolle man uns verspotten, werden wir in diesem Zustand von den anderen Werksarbeitern auch noch »Kanarienvögel« genannt.

Kinderchen, legt euch schlafen!

Manchmal habe ich Glück und man schickt mich zur Abteilung, in der die leeren Granat- und Bombenhülsen zur Füllung vorbereitet werden. Ich lerne dort Helga, eine junge deutsche Frau kennen, die selbst nicht freiwillig in der Fabrik arbeitet. Sie wurde wie Tausende anderer Frauen angesichts des Arbeitskräftemangels – die Männer waren ja fast alle an der Front - zum Dienst in einem kriegswichtigen Betrieb verpflichtet. Sie bemerkt, in welch erbarmungswürdigem körperlichen Zustand ich mich befinde und hat großes Mitleid mit mir. Helga hilft mir, wo es nur irgendwie geht. Immer wieder tröstet sie mich, unterhält sich mit mir, obwohl ihr dies absolut verboten ist und sie heftigste Strafen dafür zu erwarten hat. Wie gut, dass ich die deutsche Sprache gelernt habe und mit ihr sprechen kann.

Manchmal sagt sie zu mir: »Leg dich in eine Ecke, du armes Kind, und ruh dich ein wenig aus. Ich passe auf und warne dich, wenn jemand kommt.« Ich suche mir einen Platz auf den leeren Hülsen und in wenigen Sekunden bin ich tief und fest eingeschlafen. Tut das gut, einen solchen Menschen in meiner Nähe zu haben! Es gibt also doch noch Menschen unter den Wölfen. Das zu erfahren, hilft mir noch viel mehr als die kurze Zeit der Entspannung, die mir im Schlafe vergönnt ist.

Immer wieder bringt mir die junge Frau Kleinigkeiten zu essen mit, obwohl auch sie nicht viel zu beißen hat. Vielleicht hat sie eine kleine Schwester, an die ich sie erinnere, denke ich mir. Sie strahlt so viel Wärme aus, die ich, bei all der Kälte, die mich sonst umgibt, regelrecht in mich einsauge. Dass es auch ihr nicht gut geht, zeigt mir ein Lied, dass sie öfters für mich singt: »Oh, du Gott verflucht, verdammtes Arbeitsamt, du hast mich nach Hessisch Lichtenau verbannt, wo die Wurstportionen wiegen sieben Gramm, und wo nach dem Essen fängt der Hunger an.« Bald kann auch ich es auswendig, und wir singen es ganz leise zusammen, immer auf der Hut, dass keiner unsere freundschaftliche Verbindung bemerkt.

Es gibt offensichtlich Menschen, die auch unter den gegebenen Umständen noch Menschen bleiben können, wenn auch nur für Minuten oder Stunden das Gute in ihnen durchbricht. Solche Situationen, wie ich sie mit Helga erlebe, zeigen mir, auch unter der deutschen Arbeiterschaft sind Männer und Frauen, die mit uns fühlen, die in Menschlichkeit mit uns und unserem Leiden verbunden sind. Auch sie haben große Angst. Es ist ihnen zwar verboten, mit uns zu sprechen oder irgendwelchen Kontakt mit uns aufzunehmen. Doch wenn jemand uns helfen will, dann kann er das, wenn auch nur mit Angst. So wie Helga es tut.

Auch andere Lagerkameradinnen erzählen von Kontakten mit deutschen Beschäftigten und zu Arbeitern anderer Nationen, von denen sie etwas zu essen bekommen.

Alle Kontakte finden natürlich im Verborgenen statt, meist in wenigen unbeachteten Minuten oder Sekunden. Rona erzählt mir von einem Vorarbeiter namens Hans, der sich bemüht, den Frauen die Lage zu erleichtern, wo immer er nur kann. Er sagt manchmal in der Nachtschicht zu meinen Kameradinnen, wenn er gemerkt hat, wie müde und wie sehr am Ende ihrer Kräfte sie sind: »Kinderchen, legt euch schlafen. Ich mache alleine weiter.« Daraufhin suchen sie sich einen Platz, wo sie sich hinsetzen oder hinlegen können, um ein wenig auszuruhen. Gerade die freundliche Ansprache mit »Kinderchen« ist das, was ihnen nach den zahllosen Demütigungen, die sie ertragen mussten, besonders gut tut. Es macht uns wieder zu menschlichen Lebewesen.

Gelegentlich muss ich beim Verladen der Granaten in Eisenbahnwaggons ganz in der Nähe der Füllstation helfen. Dort begegnen wir französischen und holländischen Zwangsarbeitern, die die Arbeit mit uns gemeinsam erledigen sollen. Als wir nicht durch Aufsichtskräfte beobachtet werden, zeigen sie uns, wie man den Zünder an den Bomben so beschädigen kann, dass sie keine Wirkung mehr haben. Wann immer wir künftig die Möglichkeit dazu haben, tun wir dies. Dabei ist uns klar, dass wir unser Leben aufs Spiel setzen. Uns ist klar, was passiert, wenn wir dabei erwischt werden. Natürlich werden wir ständig von deutschen Arbeitskräften überwacht, aber dennoch gibt es unbeobachtete Momente, die wir ausnutzen. Vor allem in der Zeit ab Dezember 1944 haben wir bessere Möglichkeiten zu sabotieren, ohne entdeckt zu werden, weil die Kontrollen immer mehr nachlassen.

Verladerampe der Sprengstoff-fabrik Hessisch Lichtenau. Hier mussten die Sklavenarbeiterinnen Bomben, Granaten und Minen in Waggons verladen. Hier machten sie auch immer wieder, gemeinsam mit französischen Zwangsarbeitern, Bomben unwirksam, betrieben Sabotage.

Für uns bedeuten diese Aktionen enorm viel, und wir sind bereit, dafür die drohenden Gefahren einzugehen. Der Gedanke, dass wir auch in unserer Situation als Sklavenarbeiterinnen in einem großen Rüstungswerk ein klein wenig zur Kriegsniederlage Deutschlands beitragen können, baut uns auf, stärkt unseren Überlebenswillen und hilft uns dabei durchzuhalten. Wir stellen uns vor, wie viele Menschenleben jede nicht gezündete Bombe retten kann. Das macht uns Mut! Stolz gehen wir an solchen Tagen nach Arbeitsschluss zurück in unser Lager und merken dabei manchmal gar nicht, wie schlecht es uns körperlich geht.

Die französischen Zwangsarbeiter helfen uns auch sonst, wo sie nur können. Sie stecken uns Kleinigkeiten zu, die wir gebrauchen können: Nadel und Faden, ein Stückchen Seife und, was uns besonders freut, einen Kamm, damit wir unsere zum Glück nun langsam nachwachsenden Haare endlich wieder einmal kämmen können. Und was noch wichtiger ist: Sie flüstern uns die neuesten Nachrichten vom Kriegsgeschehen zu und machen uns damit Mut. Nazideutschland ist immer mehr auf dem Rückzug und wir schöpfen wieder neue Hoffnung!

Leichtere Arbeit?

Im Oktober 1944 kommen fremde SS-Männer in unser Lager. Was wollen die hier? Sicher hat das nichts Gutes zu bedeuten. Ich suche wieder einmal die Nähe meiner großen Schwester, wie immer in Situationen, in denen ich mich hilflos und ausgeliefert fühle. Man erzählt, die Männer seien aus einem anderen Konzentrationslager gekommen. Wir alle fürchten eine Situation, die wir aus Auschwitz zu genau kennen und von deren Bedeutung wir wissen: die Selektion. Die anderen Frauen und Mädchen sind genauso beunruhigt wie wir. Wieder einmal wissen wir nicht, was auf uns zukommen wird.

Ich sehe in unserer Baracke, wie die Kapo-Frau Manci Pal zu einigen Lagerkameradinnen geht, mit denen sie besonders vertraut ist. Sie flüstert ihnen etwas zu. Was hat das zu bedeuten? Hat es vielleicht etwas mit der Ankunft der SS-Leute zu tun? Manci weiß immer über alles Bescheid. Und viele Frauen wissen: Man muss sich mit Manci gut stellen, wenn man hier überleben will. Aber sie hat ihren Kreis, ihre Gruppe von Frauen, und es gelingt den meisten nicht dazuzugehören. Ich habe mich daran gewöhnt, dass es auch unter den Häftlingen eine Hierarchie gibt.

Lange Ruhe zum Nachdenken haben wir nicht, nachdem die Männer im Lager erschienen sind. Alle Kranken werden zunächst von den fremden Männern und unseren Aufseherinnen aus dem Krankenrevier gejagt und separat gestellt, ohne Rücksicht auf ihren körperlichen Zustand. Wie brutal! Einige schaffen es nicht aus eigener Kraft und müssen von ihren Kameradinnen gestützt werden. Dann werden wir alle zum Appell gerufen. Vor uns bauen sich der Lagerleiter Schäfer, sein Stellvertreter Zorbach, den wir alle hassen und fürchten, auf. Auch die Lagerälteste Manci und unsere Häftlingsärztin Luciana Nissim, eine Jüdin, die aus Italien stammt, stehen dort. Luciana! Wir Häftlingsfrauen schätzen sie sehr, sie sieht sehr ernst, ja fast traurig aus. Ernst ist sie oft, sie hat ja auch immer alle Hände voll zu tun. Aber sie hat so ein gutes Herz und gibt uns Hilfe, wo immer es möglich ist, und das fast ohne medizinische Mittel. Außer Aspirin stehen ihr offensichtlich keine weiteren Medikamente zur Verfügung. Eine Kameradin, die sich an der Stanzmaschine eine Verletzung zugezogen hatte, erzählte mir, dass sie ihre klaffende Wunde mit Nähnadel und Zwirn genäht habe. Die Wunde hat sie dann anschließend mit einem Papierverband umwickelt. Für mich ist Luciana eine Heldin! Wie vielen von uns hatte sie schon geholfen und dabei immer dafür gesorgt, dass wir nicht zu lange im Krankenrevier bleiben mussten. Sie kennt die Gefahren genau, denn bevor sie zu uns kam, war sie Lagerärztin in der Hölle von Auschwitz.

Die fremden SS-Männer halten sich zunächst noch im Hintergrund. Schäfer hat als Lagerleiter die Aufgabe, uns zu erklären, worum es geht. Er sagt mit ruhiger, ausdrucksloser Stimme, dass sich gezeigt habe, dass für einige die Arbeit anscheinend zu schwer sei in der Sprengstofffabrik. Daher wolle man diesen das Leben leichter machen. Er fordert uns auf, dass sich diejenigen melden sollen, denen die Arbeit zu schwer geworden ist. Sie könnten eine leichtere Arbeit in einer Kartonagenfabrik bekommen. Auch Familienangehörige, die mit ihren Verwandten zusammenbleiben möchten, könnten mitgehen.

Spontan zuckt es in meinem Arm – leichtere Arbeit, ja, das ist etwas Verlockendes! Das wäre etwas für Aranka und mich! Die tägliche Arbeit in der Fabrik beim Hantieren mit den Granaten und Bomben fällt mir immer schwerer und auch Aranka ist nicht mehr so stark wie vor einigen Monaten. Wer weiß, wie lange wir das noch aushalten werden. Aber instinktiv behalte ich meinen Arm zunächst unten. Viele andere melden sich. Ich sehe Aranka fragend an. Doch sie schüttelt fast unmerklich den Kopf und an ihren Augen sehe ich, dass sie denkt. »Mit der Sache stimmt etwas nicht!« Wie Recht sie hat, wird sich viel später herausstellen. Gut, dass sie ihr gesundes Misstrauen gegenüber allem, was von den SS-Leuten kommt, behalten hat. Ihren Versprechungen darf man nicht trauen. Wie oft haben wir jetzt schon die Erfahrung gemacht, dass man uns immer wieder hinter das Licht führen will. Ich denke an die Situation in Auschwitz, als ich mich gemeldet habe, um zu meiner Mutter zu kommen. Das hätte meinen Tod bedeuten können. Und jetzt ist – so spüren Aranka und ich – wieder eine solche Situation.

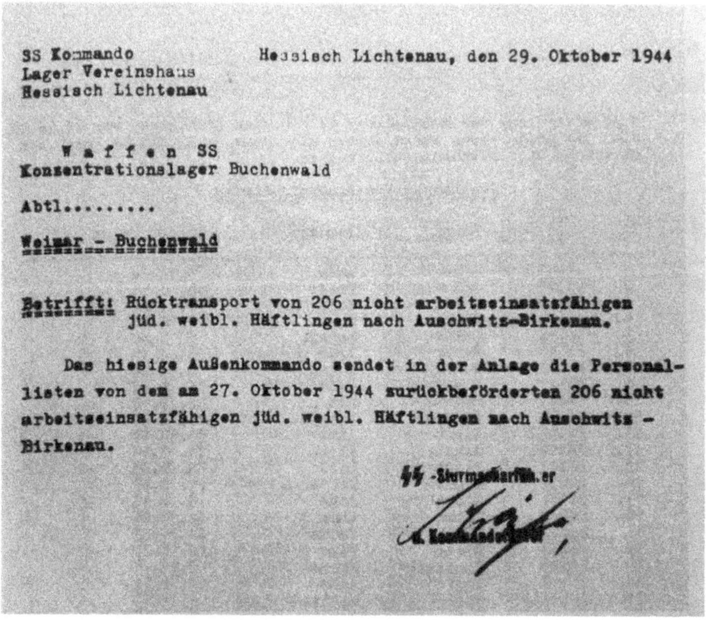

SS Kommando Hessisch Lichtenau, den 29. Oktober 1944
Lager Vereinshaus
Hessisch Lichtenau

Waffen SS
Konzentrationslager Buchenwald

Abtl.........

Weimar - Buchenwald

Betrifft: Rücktransport von 206 nicht arbeitseinsatzfähigen jüd. weibl. Häftlingen nach Auschwitz-Birkenau.

Das hiesige Außenkommando sendet in der Anlage die Personallisten von dem am 27. Oktober 1944 zurückbeförderten 206 nicht arbeitseinsatzfähigen jüd. weibl. Häftlingen nach Auschwitz - Birkenau.

SS-Sturmscharführer

u. Kommandoführer

Das Dokument beweist, was unter den Frauen und Mädchen im Lager zunächst nur als Gerücht erzählt wurde: 206 nicht arbeitseinsatzfähige Frauen wurden nach Auschwitz-Birkenau zurücktransportiert.

Aber die Sehnsucht vieler anderer Frauen und Mädchen danach, endlich eine leichte Arbeit zu bekommen und nicht mehr mit den schweren Bomben hantieren zu müssen, ist groß. Einige schaffen die Arbeit einfach nicht mehr. Wie viele hatte ich schon gesehen, die am Arbeitsplatz oder beim Stehen auf dem Appellplatz einfach vor Schwäche umgefallen sind! Ich sehe mir die Frauen an, die nun zu einer Gruppe separat zusammengestellt werden. Wie elend viele von ihnen aussehen! Kaum kann man sie noch als menschliche Gestalten bezeichnen. Abgemagert, ausgehöhlte Wangen, dunkle Augenhöhlen. Viele können, obwohl sie sich bemühen, nicht mehr gerade stehen, einige müssen von anderen Frauen gestützt werden. Ein Haufen von erbarmungswürdigem menschlichen Elend. Ich hoffe in diesem Moment so sehr für sie, dass es keine Lüge ist, ihnen leichtere Arbeit zu verschaffen.

Aber ich bin sehr skeptisch und befürchte das Schlimmste für sie, denn vorhin habe ich genau beobachtet, mit wem unsere Blockälteste gesprochen hat. Keine der Frauen kann ich nun in dieser Gruppe wiederfinden. Das macht mich misstrauisch, denn wenn sie etwas weiß, was zur Erleichterung ihrer Freundinnen beiträgt, dann hat Manci das immer ausgenutzt. Wenn es an dem anderen Ort wirklich leichtere Arbeit geben sollte, dann wären ihre Freundinnen auch dabei.

Die Gruppe der Frauen vergrößert sich nach und nach, weil nun auch noch alle, die sich bisher im Krankenrevier befunden haben, dazu gestellt werden. Man zerrt an ihnen und schubst sie teilweise mit brutaler Gewalt und unter viel Geschrei auf die andere Seite. Also ist meine Vermutung doch richtig: eine Selektion – auch wenn uns Schäfer etwas anderes erzählt hat! Es dauert nicht lange und die Gruppe der Frauen – insgesamt 206, wie ich später erfahre - wird von den fremden SS-Männern aus dem Lager Richtung Bahnhof geführt. Es geht für sie einer ungewissen Zukunft entgegen.

Hartnäckig hält sich in den nächsten Tagen und Wochen das Gerücht, man habe die Gruppe nicht zu einer leichteren Arbeit geführt, sondern sie zurück nach Auschwitz transportiert. Traurige Gewissheit über das Schicksal unserer Lagerkameradinnen bekomme ich erst viele Jahre später, als ich selbst Ende der 1980er Jahre die Kopie einer Liste in die Hände bekomme, mit den Namen all derjenigen, die man selektiert hat. Sie wurden tatsächlich nach Auschwitz transportiert und sind dort, ohne dass man sie überhaupt noch einmal bei ihrer Ankunft registrierte, ohne Erbarmen direkt in die Gaskammern geschickt worden. Keine hat überlebt.

Wieder hat uns die SS mit einer brutalen heimtückischen Lüge betrogen. Leichtere Arbeit in einer Kartonagenfabrik ... wir sehnten uns alle so sehr danach.

Augen, Gesichter, Körper wie Menschen …

Die Verhältnisse im Lager verschärfen sich zusehends – ganz besonders als ein paar Wochen vor der Selektion ein neuer SS-Mann, der schon erwähnte Zorbach, bei uns im Lager ankommt. Man munkelt, er sei aus Buchenwald geschickt worden, weil unser Lagerleiter Willi Schäfer nicht scharf genug, nicht brutal genug, zu uns war. Er war bei allem, was er zu tun hatte, zumindest noch ein wenig Mensch geblieben. Klar, er war ein SS-Mann und hatte seine Vorschriften, die er auch umsetzte, aber er war nicht bösartig. Zorbach, der von nun an Stellvertreter Schäfers ist, ist fürchterlich, er ist eine Bestie. Er foltert uns nicht nur körperlich, sondern auch seelisch, wann immer er kann. Er hat darüber hinaus negativen Einfluss auf die anderen SS-Leute und schafft es, das Schlechteste, das Brutalste, das Unmenschlichste aus ihnen herauszuholen. Er bringt die gesamte SS-Wachmannschaft im Verlaufe der Zeit immer mehr gegen uns auf! Schäfer ist machtlos dagegen – er kann nichts tun, die Machtverhältnisse haben sich verändert.

Nichts ist von nun an mehr im Lager berechenbar. Willkür kann uns immer und überall begegnen. Zorbachs »Lieblingswörter« sind so gemein, so bösartig, wie ich sie noch nie zuvor in meinem Leben gehört habe. Immer wieder schreit er uns bei Kleinigkeiten, an: »Ich reiß euch die Arschlöcher bis zum Halskragen auf!« Dieses Gefühl, das dabei entsteht, ist unbeschreiblich. Dass wir in diesem System nur noch Nummern sind, dass man uns den Namen genommen hat, dass man uns unsere Würde als Menschen nehmen will, das kennen wir schon. Aber jetzt werden wir nur noch als die »Saujuden« und die »saujüdischen Huren« bezeichnet, als hätten wir keine Namen und keine Familien gehabt.

So muss ich und müssen wir alle mit ansehen, wie unsere Mitgefangene Esther von einem SS-Mann, den alle »Stiefpapa« nennen, blutig geschlagen wird und Tritte in den Leib bekommt, nur weil sie bei einem unserer stundenlangen Appelle nicht so stillgestanden hat, wie er es wollte. Das ist nur einer von vielen Vorfällen. In anderen Situationen muss ich einfach wegschauen. Ich kann es nicht mit ansehen, kann es in meiner Kinderseele nicht verkraften.

Von nun an wird jede Gelegenheit ausgenutzt, auch von den anderen SS-Männern und SS-Frauen, uns zu foltern, zu prügeln und buchstäblich unsere Seele totzuschlagen. Sie haben sich einen Sport daraus gemacht, wer gröber und unmenschlicher ist. Und nicht nur die Männer sind Sadisten, die Frauen stehen ihnen in nichts nach. Ganz besonders schlimm ist Frau Bohle, die uns immer wieder prügelt, beschimpft und demoralisiert. Als gegen Kriegsende die Fliegeralarme immer häufiger werden und bei uns die Hoffnung auf Befreiung aufkeimt, versucht sie uns alle Hoffnung zu nehmen, indem sie schreit:

»Ihr krepiert sowieso alle, ob wir den Krieg gewinnen oder verlieren!«

In meinem Kinderkopf denke ich manchmal darüber nach, ob das überhaupt Menschen sind, die uns so etwas antun, die uns so behandeln. Ich denke, sie haben doch ebensolche Augen, Gesichter und Körper wie Menschen, benehmen sich aber überhaupt nicht menschenähnlich.

Nachdem ich bei unserer Ankunft in Hessisch Lichtenau und in den ersten Wochen noch den Eindruck hatte, dass hier alles anders und viel besser als in Auschwitz sei, fühle ich mich nun auch hier immer mehr wie auf einem fremden, gänzlich unbewohnbaren Planeten. Bösartige Außerirdische um mich herum, die ich nicht verstehen kann. Ich will zurück auf meinen kleinen Planeten der Kindheit mit menschlichen Gesetzen! Zurück nach Käsmark, Aknaszlatina oder Leva. Wir haben es dort zwar nie leicht gehabt, ich war nicht auf der Sonnenseite des Lebens geboren worden. Aber ich war geschützt vor Willkür und Bösartigkeit. Ich will zurück in die Geborgenheit meines Elternhauses, sehne mich so sehr nach meiner Mutter und meinem Vater, die mir unendlich fehlen. Gut, dass zumindest Aranka an meiner Seite ist. Vielleicht hätte ich mich sonst schon längst aufgegeben.

Aber auch jetzt beteiligen sich nicht alle SS-Angehörigen an den Demütigungen und Misshandlungen. Es gibt doch noch einzelne, die Menschen geblieben sind, keine bösartigen Monster. Eine von ihnen ist Annemarie, mit der ich persönlich wenig zu tun habe. Aber Martha, die am Arbeitsplatz bei den Bauarbeiten von ihr beaufsichtigt wird, erzählt uns heimlich von ihr: »Annemarie hat ihr Mittagessen heute mit uns aufgeteilt und sie hat uns ein paarmal zum Aufwärmen in die warme Baracke gelassen.« Auch der kleine dicke SS-Mann Neumann ist anders. Er ist ein gutmütiger Mensch und hilft uns öfter, manchmal bringt er sogar heimlich Essensreste aus der Mannschaftsküche zu uns. Solche Menschen wie Annemarie und Neumann geben uns zumindest ein wenig Hoffnung in dieser absurden Welt.

Im Verlaufe der Zeit werden auch die übrigen Lebensverhältnisse im Lager immer schlechter. Die Essensrationen, die bisher aus Wassersuppe mit Rüben oder Weißkraut, ein paar Scheiben Brot, manchmal ein paar Kartoffelstückchen oder etwas Marmelade bestanden, werden nun noch karger. Hinzu kommt, dass die anfangs überhitzten Baracken im Winter jetzt gar nicht mehr geheizt werden, weil das Heizmaterial angeblich ausgegangen ist. Wir haben nur dünne Decken auf unserem Schlaflager und frieren erbärmlich. Außerdem sind unsere Baracken mittlerweile voller Wanzen. In den Strohsäcken, die wir als Matratzen haben, wimmelt es nur so davon. So können wir trotz schwerer Arbeit, die uns todmüde macht, kaum schlafen. Das zehrt natürlich unsere schon schwachen Körper noch mehr aus und nimmt uns die Lebenskraft völlig. Selbst unser Essen ist mit Wanzen bedeckt und ich weiß nun nicht nur wie eine Wanze aussieht, sondern auch wie sie schmeckt.

Unsere Duschräume werden immer öfter abgeschlossen, so dass wir kaum Möglichkeiten zur Körperhygiene haben. Man sagt uns, da wir Schweine seien, würden wir sie nicht sauber genug halten und hätten deswegen überhaupt keine Duschen verdient. Hinzu kommt, dass die Zählappelle und die Arbeitszeiten immer länger werden. Wann wird das alles endlich ein Ende haben? Aranka und ich versuchen uns neu zu ermutigen, was uns aber immer weniger gelingt. Aber wir dürfen jetzt nicht aufgeben! So viel Schreckliches haben wir schon überstanden! Das soll am Ende nicht alles umsonst gewesen sein.

Die Nachrichten über das Vorrücken der alliierten Truppen landen auf irgendeine Weise fast täglich bei uns, und immer mehr Hoffnung auf Befreiung keimt auf. Wir machen schon Pläne für unsere Zukunft, und in unseren Köpfen entstehen Phantasiebilder, wie es für uns werden wird. Ich will auf alle Fälle meine schulische Ausbildung fortsetzen, bin wissbegierig und lernhungrig. Und trotz aller gegenteiligen Informationen kann ich es noch immer nicht wirklich glauben, dass meine Mutter wirklich tot sein soll. Ich kann und will es nicht begreifen. Einen Funken Hoffnung habe ich noch. Aranka und ich malen uns in den schönsten Bildern aus, wie das Wiedersehen mit unserem Vater und unseren Geschwistern Roszi und Deszö sein wird. Das gibt uns neuen Mut, nicht zu resignieren und durchzuhalten.

Evakuierung des Lagers

Als wir am 29. März 1945 gerade an unserem Arbeitsplatz sind, kommen SS-Leute aus unserem Lager hinter uns her zur Sprengstofffabrik. Sie haben den Befehl, uns sofort zurück in unser Lager zu führen. Wir haben schon in den vergangenen Tagen den Geschützdonner der Front aus der Ferne gehört, so dass uns klar war, dass die Befreiungstruppen sehr nahe sein müssen. Wir sind voller Hoffnung, dass unser Leiden nun bald ein Ende haben wird, und so marschieren wir mit einem Gefühl der Erleichterung an diesem Tag zurück ins Lager. Wir träumen davon, bald wieder frei zu sein, uns bald wieder wie Menschen zu fühlen, deren Würde geachtet wird. Allerdings weiß man nie, was Zorbach oder einige von den besonders sadistischen SS-Männern und Frauen sich möglicherweise noch für uns ausgedacht haben. Sie merken natürlich unsere Stimmung, denn wir haben neuen Mut gewonnen und zeigen nun, dass wir auf ein Ende des Leidens hoffen. Aber auch jetzt wollen sie uns unsere Hoffnung noch nehmen und erniedrigen uns weiterhin. Als wir ins Lager zurückgeführt werden, sagt eine der SS-Frauen mit lauter Stimme zu uns: »Denkt nur nicht, dass ihr befreit werdet. Wen die SS einmal in der Hand hat, den wird sie nie wieder loslassen.«

Wenige Stunden später ist es soweit und das komplette Lager wird angesichts des immer lauter werdenden Geschützdonners im Westen evakuiert. Lagerkameradinnen erzählen uns, dass es zuvor noch eine Auseinandersetzung über das Schicksal von uns Gefangenen zwischen Zorbach und Schäfer gegeben haben soll. Schäfer wollte die Evakuierung vermeiden, er wollte einfach warten, bis die Amerikaner in Hessisch Lichtenau sein würden und dann das Lager an sie übergeben. Aber Zorbach hatte andere Vorstellungen. Sein Ziel war es, das Lager auf alle Fälle zu räumen und vor der anrückenden Front zu fliehen. Schließlich gewann er die Oberhand, wohl auch, weil die Befehlslage auf seiner Seite war. Wenn es nach Schäfer gegangen wäre, hätte man uns noch viel Leid, das in den nächsten Wochen auf uns zukommen sollte, ersparen können.

Auch ein anderes Gerücht macht seit Tagen die Runde: Angeblich wolle man uns alle mithilfe von Injektionen umbringen, bevor die Befreiungstruppen heranrücken. Zum Glück bewahrheitet sich das nicht. Aber es zeigt, in welch schwieriger Situation wir uns auch angesichts der herannahenden Befreier noch befinden: Jederzeit kann eine Willküraktion der SS unserem Leben ein Ende bereiten. Emotional werden wir ständig hin und her geworfen. Unsere Gefühlslage pendelt zwischen Hoffen und Bangen ...

Wir müssen uns auf dem Appellplatz aufstellen, und die SS-Bewacher treiben uns in Fünferreihen zum Bahnhof. Ihre Einstellung zu uns hat sich noch nicht verändert, wir werden angetrieben und angeschrien, noch immer sind wir die »Saujuden«. Wir werden in den bereitstehenden Viehwaggons so zusammengepfercht, dass man darin praktisch nur stehen kann. Eine unvorstellbar bedrückende Enge! Wenn jemand seinen Fuß nur anzuheben wagt, kann er ihn kaum wieder zurückstellen. Wieder einmal sind wir in einer ganz verzweifelten Lage. Wieder zusammengepfercht in Viehwaggons. Wieder steht ein Eimer für die Notdurft und einer mit Wasser für uns in einem Eisenbahnwaggon, der eigentlich zum Viehtransport gedacht ist. Doch würde man Vieh in dieser Enge zusammenpferchen? Erinnerungen an die Deportation aus Ungarn nach Auschwitz kommen in mir hoch, Beklemmung und Angst macht sich unter uns allen breit. Ich rieche den Schweiß der anderen, der nicht nur von der bedrückenden Enge und der Sauerstoffnot herrührt. Es ist Angstschweiß. Ich drücke mich ganz fest an Aranka und merke, wie auch sie Mühe hat, die in ihr hochkommende Panik zu verbergen.

Hinzu kommt, dass unser Waggon von der äußerst sadistischen Aufseherin Frau Bohle bewacht wird. Wenn es Hexen gibt, dann muss sie eine sein! Die größte Sadistin unter den SS-Frauen. Sie hat schon im Lager keine Möglichkeit ausgelassen, uns zu demütigen und zu entwürdigen. Diese Haltung behält sie auch jetzt bei.

Als wir uns in unserer verzweifelten Lage, in der wir uns befinden, von unseren Handflächen einander eine bessere Zukunft wahrsagen, höre ich, wie sie spöttisch zu uns sagt: »Ihr glaubt noch an eine Zukunft? Das ist ja lächerlich, man heizt für euch doch schon das Krematorium!«

Offensichtlich ist es die Absicht, uns in das Konzentrationslager Weimar-Buchenwald zu bringen, dem das Lichtenauer KZ-Außenkommando verwaltungstechnisch zugeordnet ist. Das ist vermutlich der Grund, warum Zorbach gegenüber Schäfer so darauf beharrte, das Lager zu evakuieren. Unser Zug steht nach vielen Stunden Fahrt mit zahlreichen Unterbrechungen eine Weile auf dem Bahngleis in Weimar. Wir lesen das Bahnhofsschild und Aranka kommt in den Sinn, dass sie in ihrer Schulzeit von den großen deutschen Dichtern Johann Wolfgang von Goethe und Friedrich Schiller gehört hat, die aus Weimar kamen. Wo ist die kulturelle Tradition Deutschlands in den vergangenen Jahren geblieben? Wir haben jedenfalls nichts davon gemerkt, dass wir uns im Land der großen Dichter und Denker befinden.

Nachdem unser Zug einige Stunden auf dem Bahngleis in Weimar gestanden hat, fahren wir zu unserem großen Glück dann urplötzlich weiter. Wie sich im Verlaufe der Fahrt herausstellt, geht es Richtung Leipzig. Immer wieder muss unser Zug stoppen. Das sind zum Glück Gelegenheiten, um zumindest die erbärmlich stinkenden Latrineneimer zu leeren – wenn man uns lässt. Trotzdem werden die Verhältnisse in den Waggons stündlich unerträglicher. Die fürchterliche Enge, keine Möglichkeit sich hinzulegen, das ist kaum auszuhalten. Zu essen und zu trinken bekommen wir auch nur ganz unregelmäßig etwas. Wir werden noch schwächer als wir es im Lichtenauer Lager schon waren. Wie soll das weitergehen?

Einmal kommt der Transport völlig zum Erliegen, weil die Lokomotive offensichtlich defekt ist und nicht mehr repariert werden kann. Erst eineinhalb Tage später erhält unser Zug eine andere Lokomotive als Ersatz und die Fahrt kann fortgesetzt werden. Als während eines weiteren Stopps die Türen geöffnet werden, dürfen wir endlich einmal aussteigen. Natürlich werden wir scharf von der SS-Mannschaft bewacht. Aranka und ich legen uns ins Gras, auch wenn der Boden in dieser Jahreszeit noch feucht und kalt ist. Ein Gefühl der Erleichterung, endlich – wenn auch nur für ein paar Minuten – von der Enge befreit zu sein. Doch was ist das plötzlich? Schüsse fallen. Einige SS-Männer schießen ohne Ankündigung wild herum. Was war passiert? Drehen unsere Bewacher jetzt völlig durch? Zwei Frauen werden getroffen, sie sterben durch die Schüsse an Ort und Stelle. Einige von uns müssen provisorisch ein Grab für sie ausheben, in das die beiden einfach hineingeworfen werden. Erneut haben wir furchtbare Angst, denn offensichtlich sind nun einige SS-Leute noch unberechenbarer geworden. Wann hat das alles endlich ein Ende?

Nachdem wir fünf Tage mit der Bahn unterwegs gewesen sind, erreichen wir Leipzig und können die Waggons verlassen. Vom Bahnhof aus werden wir in das Lager Schönau geführt. Das Lager ist eigentlich schon voll belegt, mit einigen Hundert KZ-Häftlingen, wie wir ungarische Frauen, die aus einem anderen Lager gekommen sind. Sie sind in einem viel besseren Zustand als wir. Wir vermuten, dass sie offensichtlich einen außergewöhnlich guten Lagerkommandanten hatten. Wir bekommen in Schönau eine richtig gute Mahlzeit, bei der wir nicht gleich nach dem Essen schon wieder das alltägliche Hungergefühl haben.

00549

Leipzig, den 5. April 1945.

Betrifft: Abstellung von Hessisch Lichtenau 500 Häftlinge nach der A.T.G. Leipzig-Schönau

\- 1 -

Lfd. Nr.	Häftl. Nr.	Name.	Vorname	Geb.Dat.	Geb.Ort.
1.	20002	Adler	Arany	15.10.23.	Aknaszlatina
2.	003	Adler	Blanka	18. 6.27.	"
3.	007	Alföldi	Klara	12.12.06	Budapest
4.	008	Altmann	Klara	21.8.25.	Poroszlo
5.	009	Altmann	Maria	17. 9.06.	Tapolca
6.	010	Altmann	[illegible]	27. 6.27.	Poroszlo
7.	012	Apter	Eszter	2. 5.26.	Borsa
8.	015	Apfel	Erzsebet	9. 4.02.	Tamasi
9.	017	Ausch	Laura	13. 6.20.	Mahofalva
10.	018	Ausch	Margit	13.11.09.	Szombathely
11.	019	Auscher	Szida	21. 5.21.	Garamygözgergy
12.	020	Auscher	Margit	28. 4.23.	"
13.	023	Breitbart	Rozsa	5. 6.19.	Pelsöc
14.	025	Blockstein	Sara	16. 9.26.	Berekkisfalu
15.	029	Bognar	Irma	21. 7.05	Tapolca
16.	030	Brunner	Magda	19.10.10	Gyöngyös
17.	031	Bajum	Blanka	27. 8.19.	Marcghevis
18.	032	Bajum	Helen	16.10.11.	"
19.	034	Balassa	Zsuzsanna	31. 7.17.	Zalaegerszeg
20.	035	Blass	Erzsi	22. 9.01.	Eger
21.	040	Biedermann	Elisabeth	9. 3.11.	Joleva
22.	048	Balass	Erzsebet	4. 8.04.	Igar
23.	050	Barany	Ilona	29. 9.00	Vese
24.	052	Böhm	Alice	24. 1.28.	Zalaegerszeg
25.	053	Böhm	Erzsi	4. 7.09.	Györ
26.	054	Böhm	Erzsebet	4. 5.04.	Janoshaza
27.	055	Böhm	Anna	8. 2.00.	Keszthely
28.	056	Böhm	Marta	17. 9.25.	"
29.	057.	Böhm	Böske	22.12.07	"
30.	058	Böhm	Ilona	28.12.24.	Zalaegerszeg
31.	059	Böhm	Magda	4. 3.23.	"
32.	060	Böhm	Eva	2. 9.26.	"
33.	063	Breuer	Vera	20. 7.24.	Leva
34.	064	Breuer	Helen	23.12.23.	Szalakald
35.	065	Breuer	Katò	30. 3.27.	"
36.	066	Breuer	Rosa	8. 1.11.	Sopron
37.	067	Breuer	Ella	19. 2.13.	"
38	068	Balassa	Judith	15.11.21.	Budapest
39.	069	Bednar	Magda	12. 2.15.	Mezökövesd
40.	071	Bruder	Ilona	26. 3.07	Ujpest
41.	073	Berger	Irma	25. 9.05.	Zamardi
42.	074	Berger	Irene	18. 4.02.	Mohacs
43.	075	Berger	Lili	23. 6.13.	Leva
44.	076	Berger	Edith	10. 6.16.	Budapest
45.	078	Berger	Maria	10. 2.18.	Zalaegerszeg
46.	079.	Berger	Lenke	17. 4.17.	Pacsa
47.	080	Berger	Iren	19.11.14.	Pacsa
48.	081	Berger	Kornelia	26.12.15.	"
49.	083	Braun	Lenke	1. 3.05.	Nagysimonyi
50.	091	Braun	Sara	8.10.02.	Marcalli

Auch im Lager Leipzig Schönau wurden die Zwangsarbeiterinnen aus Hessisch Lichtenau wieder in einer Liste erfasst, so auch Blanka und Aranka. Nun waren es nur noch »500 Häftlinge«.

Wir können sogar duschen. Was für ein Luxus! Dann werden wir in die Baracken geführt, wo man uns erlaubt, uns in den Schlafkojen auszuruhen. Wir können es kaum begreifen. Ausruhen! Wann war das zum letzten Mal möglich? Gleich fühlen wir uns wieder ein bisschen mehr als Menschen.

Unsere Ruhe in den Kojen währt allerdings nicht lange. Bereits am nächsten Tag, dem 6. April 1945, wird das Lager von amerikanischen Tieffliegern mit Zündbomben angegriffen und in Brand gesetzt. Innerhalb von wenigen Minuten stehen Teile des Lagers in Flammen, einige Baracken werden völlig zerstört. Das ganze geschieht wirklich in minutenschnelle. Ich sitze noch eben mit meiner Schwester in einer der Schlafkojen auf einem Strohsack, als in unsere Baracke eine Zündbombe durch das Fenster schießt und sofort ein Feuer entzündet. Wir versuchen nach draußen zu flüchten, es ist ein furchtbares Gedränge, nicht alle unsere Kameradinnen kommen rechtzeitig aus der Baracke heraus.

Auch als wir draußen sind, hören wir immer wieder Bombeneinschläge und das verzweifelte Schreien der eingeschlossenen Menschen. Ein totales Chaos entsteht. Im Freien haben wir keinerlei Schutzmöglichkeiten, nur den SS-Leuten ist es erlaubt, die Unterstände zu benutzen. Ist jetzt auch unsere letzte Stunde angebrochen? Wieder ist es meine Schwester, die mir durch ihre Nähe und ihre tröstenden Worte Hoffnung gibt. Irgendwann hören die Bombardierungen endlich auf. Tieftraurig müssen wir feststellen, dass einige von unseren Lagerkameradinnen ihr Leben im Feuer verloren haben. Wie viele es sind,

Die Reste des Lagers Leipzig-Thekla im April 1945 nach der Befreiung durch amerikanische Truppen. Hier waren Blanka und die anderen ungarischen Jüdinnen eine Woche untergebracht, bevor für sie der Todesmarsch begann.

weiß keiner. Sie haben so vieles in den vergangenen Monaten durchgestanden, so große Hoffnungen auf die Befreiung gehabt. Und nun sterben sie im Bombenhagel der Befreiungstruppen. Was für eine Ironie des Schicksals …

Einige Stunden nach der Bombardierung müssen wir uns wieder in Fünferreihen aufstellen und werden durch Leipzig geführt. Rechts und links der Straße sieht es fürchterlich aus. Leipzig ist erst vor kurzem bombardiert worden, und die meisten Häuser sind nur noch ausgebrannte Ruinen. Wir kommen zum Lager Leipzig-Thekla, einem Männerlager, auch ein Außenlager von Buchenwald, das schon mit vielen Gefangenen belegt ist. Nachdem wir die Bombardierung des Lagers Schönau miterleben mussten, haben wir nun noch mehr Angst. »Wir wollen überleben und nicht noch im letzten Moment sterben!«, geht es mir immer wieder durch den Kopf.

Im Lager Thekla werden wir zumindest einigermaßen versorgt und wir können uns etwas ausruhen. Hier bleiben wir, bis die amerikanischen Truppen nur wenige Kilometer westlich von uns in Hörweite sind. Am 13. April, fünf oder sechs Tage nach unserer Ankunft in dem Lager, werden alle Insassen, darunter wir übriggebliebenen Sklavenarbeiterinnen der Fabrik Hessisch Lichtenau, auf einen Marsch geschickt, der für immer mehr Gefangene zum Todesmarsch wird, je länger er dauert.

Todesmarsch

Wieder einmal werden wir in Fünferreihen aufgestellt. Die Bewacher laden ihr Gepäck auf Handwagen, die einige von uns abwechselnd ziehen müssen. Der Marsch beginnt. Wo wird man uns hinführen? Was haben unsere Bewacher mit uns vor? Es geht zunächst in östlicher Richtung. Das Donnern der Kanonen und das Knattern der Maschinengewehre aus westlicher Richtung werden nach und nach leiser. Unterwegs schließen sich andere Evakuierungszüge an. Alle scharf bewacht durch SS oder deutsche Soldaten. Wir marschieren Tag und Nacht, ab und zu erlaubt man uns eine Ruhepause. Offensichtlich wollen die Bewacher vermeiden, dass Tiefflieger die Kolonne entdecken. Deshalb halten wir uns dann in Verstecken auf, in Scheuen, auf Bauernhöfen oder in dichten Wäldern.

Wir bekommen keinerlei Verpflegung. Ernähren müssen wir uns von Pflanzen, die wir am Straßenrand finden. Wir trinken aus Pfützen oder Bächen. Zu einer Zeit, als viele von uns schon fest an die Befreiung geglaubt haben, bedeutet das alles noch eine Steigerung unseres Leidens. Man führt uns tagelang immer weiter nach Osten, bis wir die Elbe überqueren. Die russische Armee kommt uns buchstäblich entgegen, der Geschützdonner ist schon deutlich zu hören. Hoffnung auf Befreiung keimt wieder kurz in uns auf. Doch da die SS-Mannschaft auf alle Fälle nicht in russische Gefangenschaft gelangen will, lassen sie uns umkehren und wir marschierten wieder zurück in Richtung Leipzig.

Unser »Leben« spielt sich nur im Freien ab, wir sind Wind und Wetter ausgeliefert, haben nichts, was uns schützt. Es ist April, und es ist noch sehr kalt, ganz besonders nachts. Dazu kommt der ständige Regen. Aber die Hoffnung auf das Ende unseres Leidens lässt mich und Aranka weiter um unser Leben kämpfen. Wenn unsere Energie dafür reicht, reden wir miteinander, machen weiter Pläne für unsere Zukunft. Das hilft uns moralisch. Doch viele von uns sind so schwach, dass sie nicht mehr weiterkönnen. Sie werden einfach am Straßenrand liegengelassen und erschossen. Brutal, mitleidlos und ohne Gnade. Immer wieder hören wir das Knattern der Gewehre. Und wir ziehen weiter, schauen uns nicht einmal mehr um …

Im Grunde genommen frieren und hungern wir durchgehend zwei Wochen lang. Unsere Decke, die wir um uns haben, hilft uns auch nicht viel. Sie ist weder ein wirklicher Schutz gegen Kälte noch gegen Nässe. Nach und nach verfault sie immer mehr. Die als Kleidung dienenden Fetzen sind von unserem Körper während der ganzen Zeit nicht heruntergekommen und kleben an uns. Wir sind oft total apathisch, unsere Beine bewegen sich nur noch mechanisch. Manchmal verliere ich jede Hoffnung auf Befreiung. Die Todesmarschkolonne nimmt

Todesmarsch: Körperlich und psychisch am Ende, in Decken gehüllt, die kaum Schutz boten, wurden die KZ-Gefangenen in den letzten Tagen vor Kriegsende noch zwischen den Fronten hin und her getrieben.

jetzt täglich weiter zu. Alle ziehen in die gleiche Richtung. Tausende haben sich inzwischen angeschlossen, die ähnlich wie wir auf den Tod oder die Befreiung warten.

In unserer Not kauen wir weiterhin Gräser oder Kräuter, die wir am Wegesrand finden. Manchmal, wenn wir rasten, können wir ein Feuer machen und uns ein wenig wärmen. Aranka und ich haben eine Konservendose, die wir mit Wasser füllen, darin kochen wir Brennnesseln. Den Brennesselsud trinken wir so gierig, als sei es eine Delikatesse. Doch schnell geht es weiter. Wir marschieren an Feldern und Kartoffeläckern vorbei. Einige von uns versuchen, auf die Kartoffeläcker zu gelangen, um ein paar Kartoffeln mit der bloßen Hand auszugraben. Sie wissen, wie gefährlich das ist. Manchmal bemerken es die

Todesmarsch im April 1945. Zeichnung des ehemaligen Häftlings Gaston Gentillon.

SS-Leute nicht, aber wenn sie es entdecken, schießen sie einfach dazwischen. Immer wieder sterben Kameradinnen von uns im Kugelhagel, weil sie den Hunger nicht ausgehalten haben.

Die Wege, auf denen wir gehen, sind mit Leichen gesäumt. Es gibt unzählige Leichen. Überall. Ich kann es nicht mehr ertragen. Es überfordert mich völlig. Ich habe das Gefühl, mein Gehirn schaltet sich aus, blendet all das Grauen um mich herum aus. Mein Blick ist nur noch nach vorn gerichtet, begleitet meine Beine im Takt der Schritte. Auch ich habe es, wie so viele andere, inzwischen gelernt, wie man beim Gehen schläft.

Wir versuchen manchmal diejenigen, die nicht mehr weiterkönnen, noch ein Stück mit uns zu schleppen, aber wir sind selbst zu schwach. Trotzdem probieren wir es, manchmal hilft es, einen Moment gestützt zu werden. Auch jetzt in unserem schwachen Zustand werden immer wieder einige von den Bewachern geprügelt. Und ständig werden wir weitergehetzt. »Nur nicht die Marschkolonne verlassen«, sage ich mir, denn dann hagelt es Tritte und Schläge oder es passiert noch Schlimmeres. Noch ist das SS-Monster, Frau Bohle, eine unserer Bewacherinnen. Bis zum Schluss quält sie Gefangene mit sadistischer Freude. Ich sehe, wie Golda, eine unserer Mitgefangenen, von ihr so lange geschlagen wird, bis die SS-Frau sagt, sie sei nun müde vom Schlagen.

Die Front nähert sich jetzt von beiden Seiten. Einige unserer Mitgefangenen nutzen die Auflösungserscheinungen in den letzten Tagen des Marsches, in denen unsere Bewacher immer unaufmerksamer werden, um zu fliehen. Sollen wir das auch versuchen? Ich spreche mit Aranka darüber, die auch beim Todesmarsch meine große Stütze und meine ständige Beschützerin ist. Sie lehnt es ab, denn die Gefahr sei zu groß, doch noch von jenen Bewachern, die noch immer keine Gnade kennen, erschossen zu werden. Was wäre nur ohne meine Schwester aus mir geworden? Aranka ist nun fest davon überzeugt: Die Befreiung ist nahe, wir würden es schaffen. Da wollen wir nicht jetzt noch unser Leben riskieren.

Wir sehen auch andere Signale der nahenden Befreiung: Immer mehr SS-Leute setzen sich von der Marschkolonne ab. Täglich werden es weniger.

Auch Schäfer haben wir seit Tagen schon nicht mehr gesehen. Ist auch er wie die anderen »heldenhaft« geflüchtet? Bei einer Rast bemerke ich, dass sich mehrere

SS-Leute ihre Abzeichen von den Uniformen abtrennen lassen, einige ziehen Jacken von Gefangenen an und hauen einfach ab.

Befreiung:
Menschliche Wracks – aber wir leben!

Am 24. April 1945 werden wir in eine Scheune zum Übernachten in der Nähe der kleinen Stadt Wurzen, östlich von Leipzig, gebracht. Auf einmal ist die verbliebene SS-Mannschaft sehr freundlich zu uns, so hatten wir sie noch nie erlebt. Sie reißen nun alle ihre Abzeichen von den Jacken, man soll sie auf keinen Fall als SS-Leute erkennen. Plötzlich hört man Sätze von ihnen wie: »Wir haben doch für euch kein Unheil gewollt!« oder »Ihr wisst doch, dass wir nur auf Befehl gehandelt haben.« Was für eine Heuchelei! Denken sie am Ende noch, dass wir bei unserer bevorstehenden Befreiung für sie als Zeugen aussagen werden, damit sie von Bestrafungen verschont bleiben? Sie reden davon, dass wir heute noch ihre Gefangenen seien, aber morgen seien sie schon selbst in Gefangenschaft, und wir werden freie Menschen sein.

Das Schicksal, das ihnen nun bevorstehen wird, bewegt unsere Herzen nicht. Sollen wir denn mit diesen mitleidlosen Menschen jetzt Mitleid haben, nachdem sie uns so quälten? Wir schweigen und wollen diese noch immer unberechenbaren Leute nicht noch zu guter Letzt provozieren. Aber unsere innere Freude ist groß, dass wir am nächsten Tag endlich befreit werden sollen und unser

Leiden ein Ende haben wird. Die SS redet nun ganz offen davon, dass sie uns der amerikanischen Armee übergeben werden. Wir werden aufgefordert, uns weiße Fahnen aus unserer Bekleidung zu machen. Ist das eine Ironie? Wie soll das gehen? Wir haben ja nur noch schmutzige Fetzen an uns! Aber jeder, der noch irgendetwas an sich hat, das auch nur ein kleines bisschen weiß ist, reißt schließlich einen Fetzen davon ab und knüpft ihn an einen Stock oder einen Ast. Wir wollen ja nicht zum Schluss noch von unseren Befreiern erschossen werden!

Früh am Morgen gehen wir aus der Scheune heraus mit unseren merkwürdigen Friedensfähnchen. Es kommen uniformierte Amerikaner mit Motorrädern auf uns zu, und Flugzeuge fliegen im Tiefflug über unsere Köpfe. Das ist er nun, der Moment unserer Befreiung. Der Moment, auf den wir eine uns unendlich lang vorkommende Zeit der Verzweiflung, des Leidens, der Angst, aber auch des Hoffens gewartet haben. Und nun ist sie plötzlich da, die Freiheit.

Wir setzen uns auf den Gehsteig. Aranka und ich fallen uns in die Arme, wie so viele andere. Wir leben! Wir haben es durchgestanden! Wir haben das Gefühl, keinen weiteren Schritt machen zu können. Aber wir leben! Wir sind jetzt frei, wissen aber gar nicht, was es für uns bedeutet, frei zu sein. Menschliche Wracks, Skelette, abgemagert, hungrig, müde, mittellos, kein Dach über dem Kopf, was soll aus uns werden? Was sollen wir mit unserer Freiheit überhaupt anfangen? Es ist ein wunderschönes Gefühl, frei zu sein. Tränen laufen über mein Gesicht, Tränen der Freude. Aber auch der Trauer. Ich fühle Freude

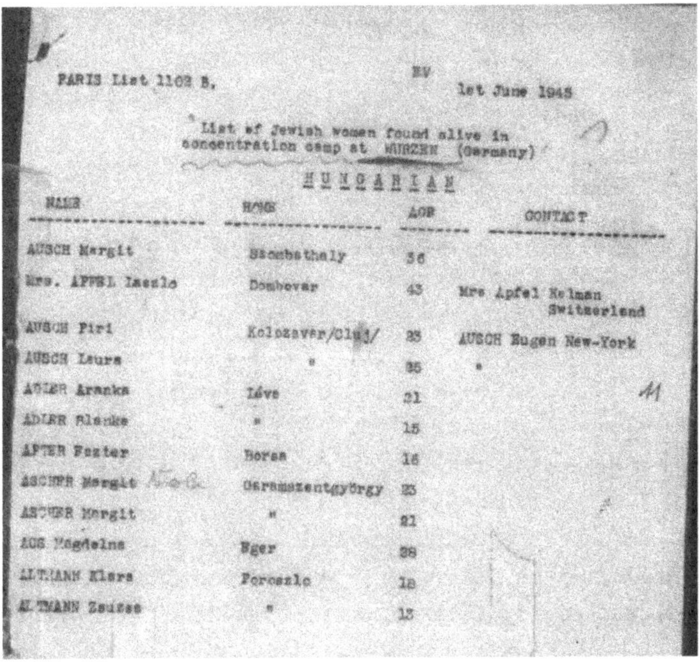

PARIS List 1102 B. EV 1st June 1945

List of Jewish women found alive in concentration camp at WURZEN (Germany)

H U N G A R I A N

NAME	HOME	AGE	CONTACT
AUSCH Margit	Szombathaly	56	
Mrs. APFEL Laszlo	Dombovar	43	Mrs Apfel Kalman Switzerland
AUSCH Piri	Kolozsvar/Cluj/	23	AUSCH Eugen New-York
AUSCH Laura	"	25	"
ADLER Aranka	Léva	21	
ADLER Blanka	"	15	
APTER Eszter	Borsa	16	
ASCHER Margit	Csernaszentgyörgy	25	
ASCHER Margit	"	21	
AOS Magdalna	Eger	28	
ALTMANN Klara	Poroszlo	18	
ALTMANN Zsuzsa	"	13	

Dokument der Befreiung nach langem Leiden: »List of Jewish woman found alive ...« mit Blanka und Aranka Adler.

und gleichzeitig erscheint mir auf einmal alles auch so hoffnungslos.

Genau in diesem Moment kommt eine Gruppe amerikanischer Soldaten auf uns zu. Sie holen mich aus meinen Gedanken zurück. Sie fragen, ob wir Hunger haben. Was für eine Frage! Das muss doch jeder sehen! Natürlich sagen wir »Ja«. Sie geben uns zu verstehen, dass wir ihnen folgen sollen. Wir sind nicht weit vom Bahnhof in Wurzen entfernt. Ganz in der Nähe des Bahnhofs führen sie uns in ein Lager, das voll mit Zuckersäcken ist. Die Kristallzucker-Säcke sind aus Papier. Wir bekommen große Augen! Was für eine Fülle! Was für ein Kontrast zu Sauerampfer, Gras und Brennnesseln! Die Soldaten schneiden die Papiersäcke einfach mit ihren Messern auf und der Zucker rieselt auf uns herab wie ein Wasserfall. Wir fühlen uns, als seien wir im Schlaraffenland. Nicht Milch und Honig fließen überall, aber unerschöpfliche Mengen Kristallzucker! Jede von uns versucht, so viel wie möglich davon zu essen, auch Aranka und ich. Was für eine Gier! Wir können gar nicht aufhören. Wann haben wir zum letzten Mal etwas Süßes bekommen? Wir stopfen uns unsere Taschen voll bis oben hin. Die amerikanischen Soldaten freuen sich über unsere Begeisterung und wir bedanken uns bei ihnen, dass sie uns dieses Schlaraffenland gezeigt haben. Aber wie gefährlich der plötzliche, intensive Zuckerkonsum ist, das merken wir einige Tage später, als viele, die mit uns in dem Zuckerlager waren, sehr krank werden. Die ausgezehrten Körper haben den Zuckerschock nicht verkraftet.

Vom Zuckerlager führt man uns direkt in eine Kaserne, in der wir nun vorübergehend untergebracht werden. Endlich können wir zum ersten Mal unsere Kleidung von unseren Körpern herunternehmen! Doch mit unserer Kleidung, die nun seit zwei Wochen buchstäblich an uns klebt, geht auch unsere Haut, wie eine Schlangenhaut, mit herunter. Als ich meine Bekleidung, oder besser die zerfallenen Reste davon, neben mich lege, entdeckt meine Schwester Läuse darin. Wie schrecklich! Sie ist ganz aufgeregt, denn Läuse sind als Überträger von Typhus bekannt. Das ist gefährlich, denn Typhus kann in unserem geschwächten Zustand den Tod bedeuten. Wie gut Aranka immer wieder auf mich aufpasst! Wir gehen mit den Kleiderfetzen in der Hand sofort runter in den Kasernenhof, wo wir die Sachen verbrennen. Da ich noch gar keine neue Kleidung habe und sie erst kurze Zeit später bekomme, stehe ich völlig nackt im Kasernenhof neben Aranka.

Dann können wir uns endlich säubern und bekommen gebrauchte Kleidung, die wir uns überziehen. Leider ist diese Kleidung auch nicht von besonders guter Qualität. Aber zumindest haben wir erst einmal etwas Frisches zum Überziehen. Wir merken schnell, dass die Versorgung durch die Amerikaner in allen Bereichen ziemlich unorganisiert ist. Ich glaube, sie waren nicht darauf vorbereitet, in welchem Zustand wir uns befinden, dass ihnen solche schrecklich aussehende Skelette begegnen würden. Einmal am Tag kommen sie mit einem Lastwagen voller Lebensmittel und Kleidungsstücke zu uns in die Kaserne. Sie werfen alles, was sie geladen haben, einfach vom LKW herunter. Nichts ist durchdacht oder geplant. Wer von uns stärker ist, bekommt mehr davon, und wer schwächer ist, geht leer aus.

So hungern wir, die wir zu den Schwächsten gehören, weiter. Die einzige Möglichkeit, die uns bleibt, ist außerhalb der Kaserne nach Essbarem zu suchen. Das tun wir dann auch. Wir gehen durch die Stadt Wurzen und betteln um Lebensmittel. Wenn wir auf andere Weise nichts bekommen, plündern wir gemeinsam Läden. Was bleibt uns denn sonst übrig? Wir mussten so lange hungern. Einmal reißen wir auch einfach einen großen Vorhang in einem Ladengeschäft herunter und hauen damit in unser Quartier in der Kaserne ab. Aus dem Stoff können sich dann einige von uns Mädchen ein Kleid zusammennähen. Ich weiß ja, wie man so etwas macht, habe ich doch oft meinem Vater bei der Arbeit zugesehen. Auch ohne Nähmaschine und mit improvisiertem Nähzeug bekommen wir das hin. So nähe ich mir notdürftig mein erstes Kleid als freier Mensch zusammen. Was für ein Gefühl, ein eigenes Kleid zu haben, nicht irgendeinen abgelegten Fetzen. Das Kleid meiner Freiheit. In diesem Kleid verbringe ich die nächste Zeit. Für die folgenden zwei Monate bleibt es das einzige Bekleidungsstück, das ich besitze. Aber ich trage es mit Stolz.

Nach dem offiziellen Ende des Zweiten Weltkrieges am 8. Mai 1945 wird Wurzen von den Amerikanern geräumt, es gehört jetzt zur russischen Besatzungszone. Zunächst können wir in der Kaserne bleiben. Wir merken sehr schnell, dass die Russen, die sich nun um uns kümmern, viel besser organisiert sind, um für uns Häftlinge zu sorgen. Sie richten sofort eine Küche bei uns ein, und es gibt nun regelmäßige Essensrationen für jeden von uns. Brot ist immer da. Mittags und abends gibt es täglich für jeden eine gute und sättigende Mahlzeit. Wir spüren, dass sich unser Leben wieder zu normalisieren beginnt.

Allerdings haben wir Frauen und Mädchen ständig Angst vor Vergewaltigungen, denn einige Mädchen werden von den russischen Soldaten missbraucht. Es ist unvorstellbar, dass so etwas in dieser Situation überhaupt geschehen kann. Damit hat niemand von uns gerechnet.

Die Frauen sind doch alle nur noch Skelette, und noch fühlen wir uns nicht wirklich wieder als weibliche Wesen. Aber die russischen Soldaten sind wohl so ausgehungert nach Frauen, dass sie sogar die wirklich gar nicht weiblich aussehenden Mädchen und Frauen vergewaltigen. So müssen wir wieder mit unserer Angst leben, aber Aranka und ich bleiben zum Glück verschont.

Rückkehr: Nichts ist mehr wie es war

Da wir noch immer krank und schwach sind, werde ich zusammen mit meiner Schwester nach Sagan im Süden Polens in ein Quarantänelager gebracht. Fast 40 Tage bleiben wir noch dort. Wir bekommen ärztliche Behandlung, und man kümmert sich sehr intensiv mit viel Mühe um uns. Endlich begegnen wir nach vielen schlimmen Erfahrungen wieder menschlichen Wesen – keinen Außerirdischen, keinen Monstern, keinen Robotern, keinen Sadisten.

Menschen aus vielen Nationen, die von den deutschen Nationalsozialisten in Lagern gehalten wurden, sind hier untergebracht, um sie wieder in das Leben zurückzuführen. Langsam sehen wir wieder besser aus. Langsam können wir uns wieder als Menschen fühlen. Unsere Haare wachsen nach und wir werden wieder zu jungen Frauen. Wie gut es uns tut, dass uns hier an diesem Ort auf einmal junge Männer hofieren, sich für uns interessieren, ohne aufdringlich zu sein. Ganz besonders die jungen Italiener. Es gibt sogar Tanzabende, an denen wir teilnehmen und die wir genießen. Wie gut das alles tut. Wir versuchen hier langsam wieder ein menschliches Leben zu leben.

Nach fast sechs Wochen kommen tschechoslowakische Busse nach Sagan, und gemeinsam mit den Mädchen, die aus der Tschechoslowakei kommen, fahren wir mit den Bussen bis zur tschechisch-deutschen Grenze. In dem tschechischen Grenzort Nachod bekommen wir sogar einen Ausweis und etwas Geld. Damit können wir uns jetzt wieder als vollwertige Mitglieder der menschlichen Gesellschaft fühlen!

Von Nachod aus begibt sich jede auf ihren Weg nachhause. Wir trennen uns von den anderen Frauen, mit denen wir gemeinsam so vieles durchgestanden haben, und Aranka und ich sind von nun an auf uns allein gestellt. Wir wissen, dass es bis in unsere Heimat noch weit ist, nach Leva sind es noch fast 500 Kilometer. Wie sollen wir dorthin gelangen? Zunächst sind wir ratlos. Aber irgendwie schlagen wir uns durch, obwohl wir kaum eine Möglichkeit haben, einen Zug oder eine andere Fahrgelegenheit zu benutzen. So gehen wir dann die meiste Strecke zu Fuß in Richtung unserer Heimat. Was bleibt uns denn anderes übrig? Manchmal können wir auch zumindest ein Stück mit dem Zug in unsere Richtung fahren.

Nach einigen Tagen kommen wir in Pressburg (Bratislava) an. Von hier sind es keine 100 Kilometer mehr bis Leva. Aber ich kann keinen Schritt mehr weiter gehen. Meine Füße schmerzen unerträglich, seit Tagen werden die Schmerzen immer schlimmer. Meine Beine sind dick geschwollen. Ein Wunder, dass ich überhaupt bis hier her gekommen bin. Wir treffen zu unserem Glück zwei junge Männer aus Leva, die geschäftlich in Pressburg zu tun haben. Sie haben Quartier in einem Hotel und nehmen uns für die Nacht in ihrem Hotelzimmer auf. Sie sehen, wie schlecht es mir geht, und stellen uns ihr Bett zur Verfü-

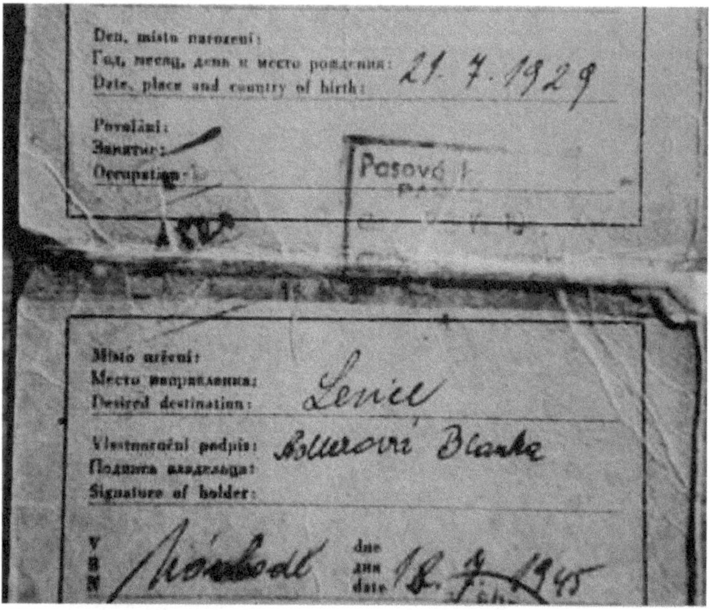

Die ersten Ausweispapiere bekam Blanka in Nachod. Sie konnte sich jetzt wieder als vollwertiger Mensch fühlen …

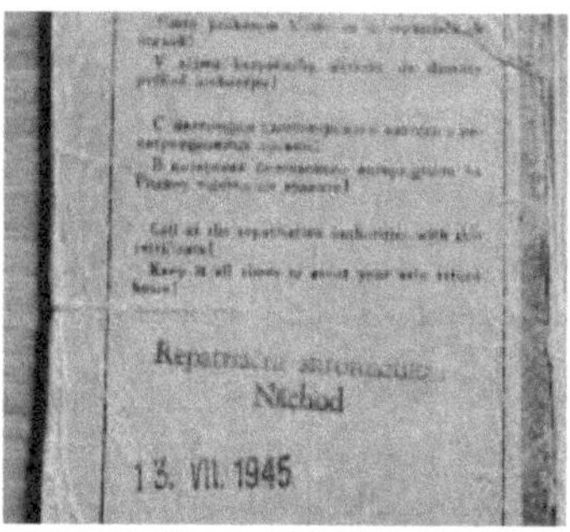

gung, während sie auf einem Sofa oder auf dem Fußboden schlafen. Die ganze Nacht versucht abwechselnd einer von ihnen meine Beine ein bisschen zu massieren und zu kühlen, um mir etwas Entlastung zu verschaffen. Aber es wird nicht besser, die Schmerzen hören nicht auf und wieder einmal bin ich sehr verzweifelt.

Am nächsten Morgen kümmern sich die beiden Männer darum, dass ich einen Platz in einem Spital bekomme, was ihnen auch gelingt. Es ist ein Krankenhaus, das extra für ehemalige Häftlinge eingerichtet worden ist, denn außer mir leiden noch viele andere unter den Folgen der schlimmen Bedingungen in den deutschen Lagern. Man stellt fest, dass ich eine Thrombose in meinen Beinen bekommen habe. »Ich bin doch erst 15, mein Leben fängt doch eigentlich erst an«, denke ich. Aber ich hoffe nun, da sich Ärzte und Krankenschwestern um mich kümmern, auf schnelle Besserung. Ich bleibe zunächst alleine im Spital, Aranka wird in der Zwischenzeit schon in Leva nach unserer Wohnung schauen und sehen, ob unser Vater bereits dort angekommen ist. Wir hoffen so sehr darauf, dass er - wie wir beiden - all den Schrecken des vergangenen Jahres überstanden hat.

Aranka kommt nach ein paar Tagen wieder zurück nach Pressburg. Mir geht es wieder besser und die Schwellung ist zurückgegangen. Ich bin froh, dass sie mich abholen will! Aber sie bringt traurige Nachrichten mit, denn sie erzählt, dass wir kein Zuhause mehr haben. Unsere Wohnung sei von fremden Leuten besetzt, berichtet sie. Wir sind sehr traurig und weinen zusammen, so wie wir es in der schweren Zeit schon lange nicht mehr getan haben. Jetzt können wir wieder weinen. Die letzten Monate mussten wir immer so stark sein, um nicht völlig zusammenzubrechen. Jetzt können wir unseren Emotionen wieder freien Lauf lassen.

Wir waren so voller Hoffnung, in unser Zuhause zurückkehren zu können und nun haben sich fremde Leute unser Haus offensichtlich sogar mit Zustimmung der ungarischen Behörden einfach angeeignet. Jetzt sind wir weg vom fremden, unbewohnbaren Planeten, aber unser alter kleiner Planet, unser Zuhause, ist nun für uns auch nicht mehr bewohnbar. Hat sich denn immer noch alles gegen uns verschworen? Wo sollen wir denn leben? Aranka blieb nichts anderes übrig, als sich einen Platz in einem Heim für Mittel- und Wohnungslose in Leva zu suchen In trauriger, deprimierter Stimmung fahren wir mit der Bahn von Pressburg zurück nach Leva. Keiner von uns redet während der Bahnfahrt auch nur ein Wort. Was wird aus uns werden?

In Leva angekommen sorgt Aranka dafür, dass ich gemeinsam mit ihr auch in das Heim aufgenommen werde. Immerhin haben wir ein Dach über dem Kopf.

Wir sind jetzt frei, aber was bedeutete diese Freiheit für uns? Wir wissen gar nicht, was wir mit unserer Freiheit nun hier anfangen sollen. Eine Arbeit haben wir nicht. Wir sind völlig mittellos. Was uns bleibt, ist die Hoffnung darauf, dass unser Vater vielleicht in einem Arbeitslager überlebt hat. Aber wir wissen ja noch nicht einmal, ob er Auschwitz überstanden hat. Und wenn er das wirklich geschafft hat, wohin ist er von dort dann gebracht worden? So warten wir in Leva täglich auf ihn. Wir fragen überall nach, ob irgendjemand etwas über ihn weiß, ob irgendjemand etwas von ihm gehört hat. Er war etwas jünger als unsere Mutter, erst 47 Jahre alt und wir hoffen immer noch so sehr, dass er bald vor uns stehen wird. Aber keiner kann uns weiterhelfen, niemand weiß etwas über ihn. Trotzdem sind wir noch voller Hoffnung.

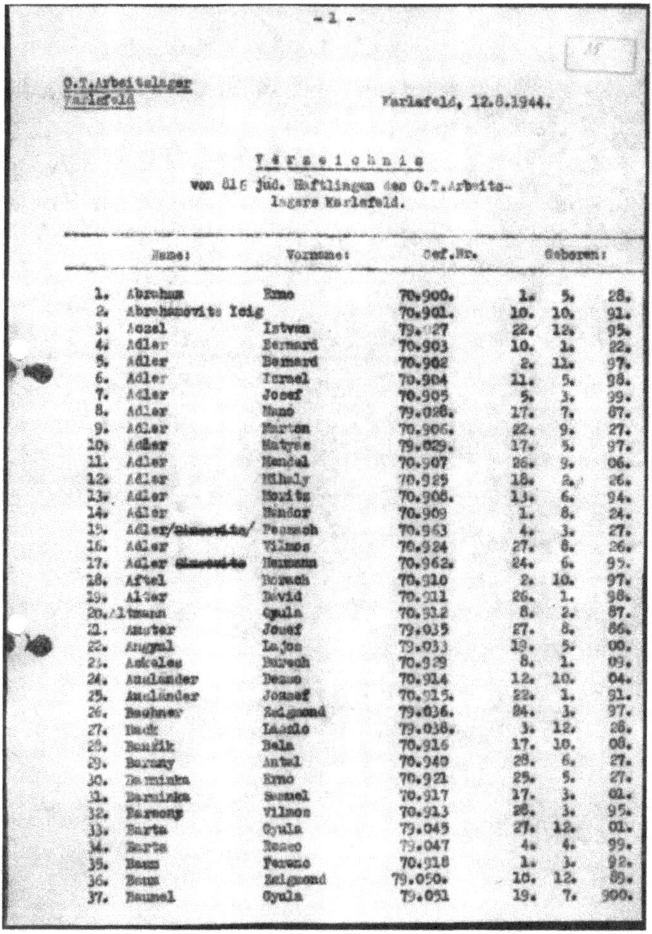

\- 1 -

15

O.T.Arbeitslager
Karlsfeld

Karlsfeld, 12.8.1944.

V e r z e i c h n i s
von 816 jüd. Häftlingen des O.T.Arbeits-
lagers Karlsfeld.

	Name:	Vorname:	Gef.Nr.	Geboren:		
1.	Abraham	Ermo	70.900.	1.	5.	28.
2.	Abrahamovits Icig		70.901.	10.	10.	91.
3.	Aczel	Istvan	79.027	22.	12.	95.
4.	Adler	Bernard	70.903	10.	1.	22.
5.	Adler	Bernard	70.902	2.	11.	97.
6.	Adler	Izrael	70.904	11.	5.	98.
7.	Adler	Josef	70.905	5.	3.	99.
8.	Adler	Mano	79.028.	17.	7.	87.
9.	Adler	Marton	70.906.	22.	9.	27.
10.	Adler	Matyas	79.029.	17.	5.	97.
11.	Adler	Mendel	70.907	26.	9.	06.
12.	Adler	Mihaly	70.925	18.	2.	26.
13.	Adler	Moritz	70.908.	13.	6.	94.
14.	Adler	Sandor	70.909	1.	8.	24.
15.	Adler/[crossed out]/	Pessach	70.963	4.	3.	27.
16.	Adler	Vilmos	70.924	27.	8.	26.
17.	Adler [crossed out]	Hermann	70.962.	24.	6.	95.
18.	Aftel	Borech	70.910	2.	10.	97.
19.	Alter	David	70.911	26.	1.	98.
20.	Altmann	Gyula	70.912	8.	2.	87.
21.	Amster	Josef	79.035	27.	8.	86.
22.	Angyal	Lajos	79.033	19.	5.	00.
23.	Askeles	Baruch	70.929	8.	1.	09.
24.	Ausländer	Dezso	70.914	12.	10.	04.
25.	Ausländer	Jozsef	70.915.	22.	1.	91.
26.	Bachner	Zsigmond	79.036.	24.	3.	97.
27.	Back	Laszlo	79.038.	3.	12.	28.
28.	[illegible]	Bela	70.916	17.	10.	08.
29.	Barany	Antal	70.940	28.	6.	27.
30.	Barminka	Ermo	70.921	25.	5.	27.
31.	Barminka	Samuel	70.917	17.	3.	01.
32.	Barsony	Vilmos	70.913	28.	3.	95.
33.	Barta	Gyula	79.045	27.	12.	01.
34.	Barta	Rezso	79.047	4.	4.	99.
35.	Baum	Ferenc	70.918	1.	3.	92.
36.	Baum	Zsigmond	79.050.	10.	12.	89.
37.	Baumel	Gyula	79.051	19.	7.	900.

Am 11. Juli 1944 wurde Blankas Vater Mathias von Auschwitz in das Konzentrationslager Dachau gebracht. Dort musste er Zwangsarbeit im Lager Karlsfeld beim Bau eines Produktionsgebäudes für BMW leisten. Hier eine Liste des Lagers Karlsfeld, in der Matyas Adler, geb. am 17.5.1897, aufgeführt ist.

Bis uns eines Tages ein jüdischer Arzt aus Leva in unserem Heim aufsucht, der selbst das Grauen überlebt hat und gerade erst zurückgekehrt ist. Er bringt uns die bittere Nachricht, dass wir auf unseren Vater nicht mehr zu warten brauchen. Er sei in seinen Armen bereits im Dezember 1944 gestorben. Er habe eine schreckliche Krankheit bekommen. Im Konzentrationslager Dachau musste er Zwangsarbeit leisten und musste, so berichtet uns der Arzt, in verschiedene Stockwerke täglich schwere Zementsäcke schleppen, ohne eine Möglichkeit zu haben, sich nach der Arbeit zu duschen oder auf andere Weise zu reinigen. Das Zementpulver habe sich dadurch nach und nach in seine Hautporen gesetzt und sich dort mit dem Schweiß verbunden. Über die Haut konnte so kein Sauerstoff mehr transportiert werden. Er sei daran praktisch erstickt.

Wir stellen uns vor, was für ein schrecklicher Tod das für ihn gewesen sein muss. Wir trauern sehr um unseren geliebten Vater. Tagelang sind wir wie gelähmt vor Trauer, können keinen klaren Gedanken fassen. Wir fühlen uns wieder einmal hoffnungslos, ohne Perspektive. Wir sind ja sowieso schon mutterseelenallein … und jetzt auch noch ohne Vater. Doch es ist nicht nur die Trauer um unsere eigene Zukunft, die uns lähmt. Unser Vater tut uns so unendlich leid. Die Vorstellung, dass er auch am Ende seines Lebens noch so furchtbar leiden musste, lässt uns nicht los. Er hatte es schon in seinem ganzen Leben nicht leicht gehabt. Ständig musste er um sein und unser aller Leben kämpfen, in Aknaszlatina, Käsmark, Leva … In Dachau hat dann seine Kraft nicht mehr gereicht.

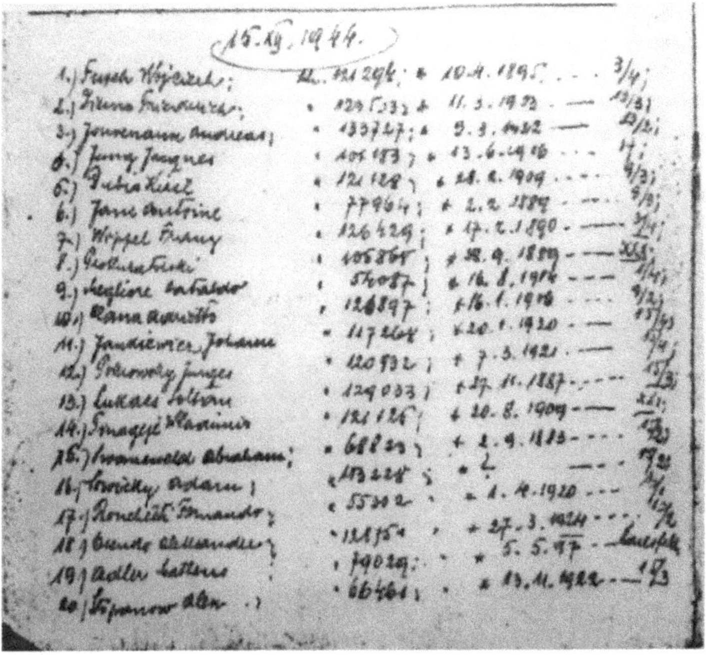

15.XII.1944.

Das Sezierbuch und das Totenbuch des Konzentrationslagers Dachau dokumentieren den Tod von Mathias Adler.
Hier im Sezierbuch ist der 15.12.1944 als Todestag vermerkt.

Nachdem wir diesen weiteren schweren Schicksalsschlag hinnehmen mussten, und wir langsam wieder aus der Trauerstarre zurück in die Welt kehren, ist unsere nächste Hoffnung, dass zumindest unsere älteste Schwester Rosalie in Budapest überlebt hat. Es muss ja irgendwie für uns beide weitergehen! Wir haben schon gehört, dass viele Juden im Budapester Ghetto überleben konnten, weil sie gegen Kriegsende entgegen aller Pläne Adolf

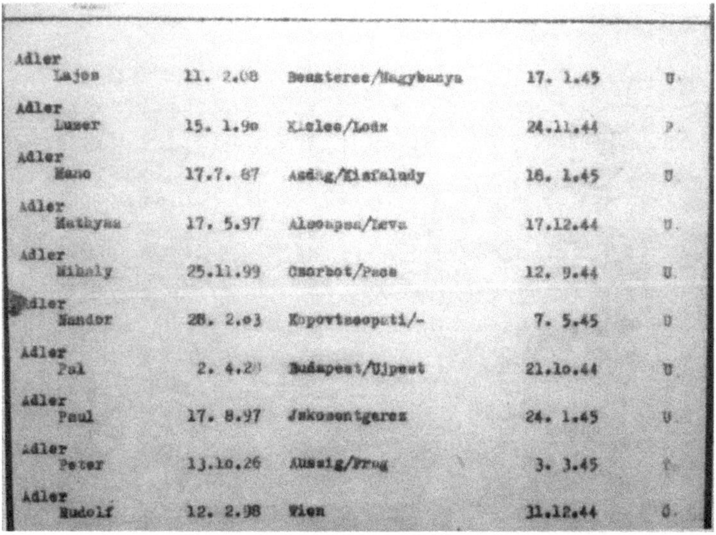

Adler Lajos	11. 2.08	Beszterce/Nagybanya	17. 1.45	U
Adler Luzer	15. 1.90	Kielce/Lodz	24.11.44	P
Adler Mano	17.7. 87	Asd[illegible]g/Kisfaludy	16. 1.45	U
Adler Mathyas	17. 5.97	Alsonpsa/Levu	17.12.44	U
Adler Mihaly	25.11.99	Csorbot/Pess	12. 9.44	U
Adler Nandor	28. 2.03	Kopovtsoopati/-	7. 5.45	U
Adler Pal	2. 4.2[illegible]	Budapest/Ujpest	21.10.44	U
Adler Paul	17. 8.97	Jakosentgerez	24. 1.45	U
Adler Peter	13.10.26	Aussig/Prag	3. 3.45	[illegible]
Adler Rudolf	12. 2.98	Wien	31.12.44	Ö

Im Totenbuch des Konzentrationslagers Dachau ist als Todestag von Mathias Adler der 17.12.1944 verzeichnet.

Eichmanns nicht mehr nach Auschwitz deportiert worden sind. Der Krieg war schon fast zu ende, so haben die meisten von ihnen Glück gehabt, und ihnen blieb die Hölle erspart.

Schließlich können wir in Erfahrung bringen, dass jemand aus unserem Ort nach Budapest fahren will, weil er dort etwas zu erledigen hat und Verwandte treffen will. Also bitten wir ihn, nach unserer Schwester zu suchen. Das wird kein leichtes Unterfangen sein, in dieser Millionenstadt. Doch er verspricht uns, dies zu tun. Er will alles versuchen, was möglich ist, um uns zu helfen. Wir geben ihm ihre letzte uns bekannte Adresse mit und hoffen, damit lässt sich etwas herausfinden.

Als er zurückkommt, berichtet er uns, dass er sie dort nicht gefunden habe. Aber er hat erfahren können, dass sie lebt und wo sie jetzt wohnt. Zu unserem großen Glück erfahren wir auch, dass unser Bruder Deszö bereits vor einiger Zeit vom Arbeitsdienst zurückgekehrt ist. Endlich, endlich gibt es wieder etwas, worüber wir uns freuen können! Deszö hatte auch kein einfaches Schicksal. Er und seine Kameraden sollten zunächst noch Richtung Westen ziehen. Aber da er an Typhus erkrankt war, hat man ihn einfach zurückgelassen. So musste er sich schwerkrank allein weiter durchschlagen. Er ist buchstäblich auf allen Vieren gekrochen, weil er so schwach war, aber sein Überlebenswille war groß. Er ist auch ein Kämpfer, wie Aranka und ich und gibt nicht einfach auf. Er schleppte sich bis zu einem Spital in einer Kleinstadt in der Nähe von Budapest, und nach und nach wurde er wieder gesund. Von

Blanka als 20-Jährige im Jahr 1950.

Blanka mit ihren Schwestern Aranka (links) und Roszi (rechts) im Jahr 1950.

dort ist er dann direkt zu unserer Schwester Roszi gezogen.

An einem Tag Ende Juli 1945, ich bin gerade draußen im Hof unseres Heims am Brunnen und wasche meine Kleidung, da steht mein Bruder Deszö urplötzlich vor mir. Wir sehen uns an und umarmen uns wortlos, aber voller Freude in unseren Herzen. Er hat auf irgendeinem Weg erfahren, dass wir nun in diesem Heim in Leva leben. So wie wir nach ihm gesucht haben, hat er nach uns gesucht. »Ich habe eigentlich kaum gehofft, dass überhaupt noch jemand von euch nach Hause kommt«, sagte Deszö nach einer Weile des Schweigens. »Es hat sich ja herumgesprochen, was mit den aus Ungarn nach Auschwitz deportierten Juden passiert ist. Ich bin so überglücklich, dass ihr es geschafft habt!« Nun sei er aus Budapest gekommen, um

Blanka mit ihrem Ehemann Janos, den sie 1950 heiratete, und ihrer Tochter Agnes, die 1952 geboren wurde (Foto 1962).

uns abzuholen: »Ihr braucht ein neues Zuhause! Packt eure Sachen zusammen und kommt mit mir zu Roszi und ihrem Ehemann, die haben noch einen Platz für euch freigehalten.«

Nach unseren Eltern fragt er nicht. Ich glaube, er spürt, dass dies – unser Wiedersehen – ein Moment der Freude ist, über dem keine dunklen Schatten liegen sollen. Erst viel später, als wir schon einige Wochen in Budapest leben, traut er sich seine Fragen zu stellen, und wir müssen ihm die traurigen Antworten geben.

Wir suchen unsere wenigen Habseligkeiten im Levaer Heim zusammen und fahren mit Deszö zu unserer

Treffen der ehemaligen jüdischen Zwangsarbeiterinnen im Jahr 1987 auf Einladung der örtlichen Geschichtswerkstatt und der Stadt Hessisch Lichtenau auf dem Gelände der früheren Sprengstofffabrik. Blanka Pudler ist die Vierte von links auf dem Foto.

Schwester nach Budapest, die uns, wie auch ihr Mann, mit einer wunderbaren Herzlichkeit in ihr Zuhause aufnimmt. Nun haben Aranka und ich endlich wieder das Gefühl der Geborgenheit, das Gefühl, eine Familie und ein Zuhause zu haben. Wir sind so froh darüber, dass wir Vier zumindest am Leben geblieben sind, auch wenn wir weiterhin sehr um unsere Eltern trauern.

Es gibt zunächst keine Möglichkeit für Aranka und mich auf eigenen Beinen zu stehen. Wir haben ja selbst keinen Verdienst um uns ein eigenes Zimmer leisten zu können. Roszi und ihrem Mann sind wir sehr dankbar dafür, dass sie uns aufgenommen haben. Aber ich habe noch immer meinen ganz großen Wunsch nicht aufgegeben, die Schule fortzusetzen. Es ist so wichtig für mich, ich will ja im Leben weiterkommen. In der Schule hatte ich immer so viel Spaß am Lernen und ich möchte noch so vieles wissen! Davon habe ich immer wieder in Auschwitz und Hessisch Lichtenau geträumt. Diese Zukunftshoffnung hat zu meinem Überleben beigetragen. Sie hat mir immer wieder neuen Mut gegeben.

Doch aus meinem großen Lebenstraum kann angesichts unserer sozialen Lage leider nichts werden. Mein Schwager gibt mir ganz klar zu verstehen, dass es nicht möglich ist, weiter zur Schule zu gehen. Ich selbst kann mir eine Schulausbildung, mittellos wie ich bin, überhaupt nicht leisten. Von meinem Schwager kann ich nicht erwarten, dass er mich auch noch mitversorgt. Bei allem guten Willen, aber dafür reicht sein Einkommen einfach nicht aus.

Was bleibt mir da übrig? Ich muss arbeiten gehen und versuchen, so schnell wie möglich auf meinen eigenen Füßen zu stehen. Das ist ein großer Kummer für mich. Ich habe doch so gehofft, dass ich weiter lernen gehen kann. Doch ich werde mich nicht unterkriegen lassen, das habe ich mir geschworen. Wer mit 15 Jahren Auschwitz, Zwangsarbeit und Todesmarsch überlebt hat, der hat gelernt zu kämpfen, nicht zu resignieren und immer wieder neue Hoffnung zu schöpfen …

Statt eines Nachwortes

Worte von Blanka Pudler (1986-2015)

»Es hat jahrelang gedauert, bis wir uns mit der Ermordung unserer Eltern, dem Zerfall unseres Zuhauses abfinden, und bis wir uns ein neues Heim schaffen konnten. Es quälen mich noch oft Alpträume von unserer gemeinsamen grausamen Vergangenheit.«

»Über meine Vergangenheit habe ich ganz, ganz lange Zeit nicht sprechen können. Ich habe versucht, mit allen Kräften meine Erinnerung zu verdrängen, mit der Hoffnung, vergessen zu können. Aber es ist mir nicht gelungen.«

»Ich habe nicht gedacht, dass ich in Hessisch Lichtenau, an dem Ort, an dem ich so viel leiden musste, einmal so viele deutsche Freunde finden würde.«

»Ich habe mich entschieden, nicht länger über meine schlimmen Erfahrungen als Holocaust-Überlebende zu schweigen. Auch wenn es schmerzvoll ist und die Wunden immer wieder aufgerissen werden, soll doch die junge Generation erfahren, was wir durchleben mussten.«

Oben: Blanka Pudler im Gespräch mit einer Schülerin (2007) nach einem ihrer Vorträge.

Unten: Blanka 2007 mit Schülern der Drei-Burgen-Schule Felsberg.

»Heutzutage bin ich der Meinung, dass zu sprechen nicht mehr nur ein Bedürfnis, sondern eine Pflicht ist.«

»Ich fühle mich verpflichtet zu sprechen, da ich persönlich wieder betroffen bin. Meine Tochter ist mit einem Mann aus Nigeria verheiratet. Meine Enkelsöhne – halb Juden und halb Afrikaner – müssen sich schon jetzt als Kinder gegen Hass wehren können."

Blanka mit Schülern der Freiherr-vom-Stein-Schule Hessisch Lichtenau 2008 auf dem Gelände der ehemaligen Sprengstofffabrik.

»Ich habe mich entschlossen, solange meine Kräfte reichen zu sprechen, und damit einen Beitrag zu leisten, dass Ähnliches wie in Auschwitz nie wieder passieren kann.«

»Ich fühle mich verpflichtet, vor euch über mein Schicksal zu sprechen, um vor Intoleranz und Hass auf Minderheiten zu warnen. Es ist schrecklich, wohin das führt. Ich will damit einen Beitrag leisten, um zu verhindern, dass so etwas wie Auschwitz noch einmal passiert.«

Ihre Geschichte bewegt

Holocaust-Überlebende Blanka Pudler aus Budapest erzählte Schülern von ihrem Leben

VON MAGDALENA DRÄGER

FELSBERG. Es ist mucksmäuschenstill in der Schulbücherei der Drei-Burgen-Schule in Felsberg. Nur die leise Stimme der Holocaust-Überlebenden Blanka Pudler durchdringt die Stille, als sie am Dienstag ihre Geschichte erzählt. 60 Schüler lauschen der tragischen Lebensgeschichte.

„Ich habe mich damals zwei Jahre älter gelogen, sonst wäre ich jetzt nicht mehr da", sagt die heute 82-Jährige. „Als die SS-Frauen kamen und fragten, wer unter 16 Jahre alt sei und sagten, dass diese zu ihren Mütter kommen würden, meldete ich mich sofort." Eine SS-Frau schrie sie an, sie solle nicht lügen, sie wüsste ganz genau, dass sie schon 16 sei. „Ich setzte wieder mich und erfuhr später, dass sie mir das Leben gerettet hatte. Alle Kinder wurden mit ihren Müttern in die Gaskammer gebracht."

Bomben wie im Bild rechts musste Blanka Pudler (3. von li.) montieren: Vor Schülern der Abschlussklasse sprach sie über ihr Leben. Von links: Muhammed Al-Kahery (16), Murat Korkmaz (17), Blanka Pudler, Dr. Dieter Vaupel, Valentina Sterz (15), Enise Türle (16), Romina Hopfer (16). Foto: Dräger

Tränen laufen

Nach dieser Passage können einige Schüler ihre Tränen nicht zurückhalten. Die Bedingungen, unter denen Blanka Pudler leben musste, sind menschenunwürdig und schrecklich. Jeden Tag musste sie um ihr Leben bangen.

Gedanken an SS-Soldaten, die sie schlugen und peinigten, sind bis heute Teil ihres Lebens. Erinnerungen an die sieben schrecklichen Monate in Auschwitz, bis sie in eine Fabrik in Hessisch Lichtenau gebracht wurde, wo sie unter Lebensgefahr Bomben zusammensetzen musste. Geblieben ist auch die Angst vor Schäferhunden, von denen sie zur Arbeit gehetzt wurde.

Tag der Deportation

An den Tag ihrer Deportation erinnert sich Pudler noch ganz genau: „Es war Sabbat, und der Hefezopf war noch im Ofen, als sie kamen." Die Leute der SS hatten kein Mitgefühl und keinen Respekt. „Als wir abtransportiert wurden, lief unser Hund bis zur Erschöpfung hinter uns her. Ich hatte das Gefühl, er war das einzige Lebewesen, das Mitleid mit uns hatte." Mitleid, genau das will Blanka Pudler nicht. Sie möchte Jugendliche aufklären und ist zur Projektwoche „Toleranz fördern – Kompetenz stärken" an die Schule gekommen.

Es ist nicht das erste Mal, dass Blanka Pudler Felsberg besucht. Vor 25 Jahren lernte sie Schulleiter Dr. Dieter Vaupel kennen, der seine Doktorarbeit über den Holocaust schrieb und sich dem Thema engagiert widmet. Über sein Buch „Spuren, die nicht vergehen" haben sich die beiden kennengelernt. Seitdem kommt Pudler aus Budapest jedes Jahr an die Schule, um mit ihrer bewegenden Geschichte ein Zeichen für Toleranz und Nächstenliebe zu setzen. Ihr zu Ehren gibt es in der Schulbücherei eine Ausstellung über ihr Leben. (xmd)

Pressebericht: Blanka Pudler berichtet vor Schüler der Drei-Burgen-Schule Felsberg über ihr Schicksal.

Verdienstkreuz für Pudler

Überlebende der Zwangsarbeit in Hirschhagen für Aufklärungsarbeit geehrt

HIRSCHHAGEN / BUDAPEST. Sie überlebte das Konzentrationslager in Auschwitz und Zwangsarbeit in Hirschhagen. Nun wurde Blanka Pudler in ihrem Wohnort Budapest mit dem Verdienstkreuz am Bande des Verdienstordens der Bundesrepublik Deutschland ausgezeichnet.

Dr. Matei Ion Hoffmann, deutscher Botschafter in Ungarn, übergab Pudler die Auszeichnung. Sie würdigten ihren Einsatz gegen das Vergessen und die Versöhnung von Ungarn, Juden und Deutschen nach dem Holocaust. Außer Pudler wurden drei weitere Überlebende der Shoa ausgezeichnet. Blanka Pudler berichtet seit Jahren in deutschen und ungarischen Schulen sowie in anderen Einrichtungen von ihren Erlebnissen.

Pudler wurde 1929 im Gebiet der heutigen Ukraine geboren, musste aber wegen schwerer Lebensbedingungen in die Slowakei umziehen, das damals zu Ungarn gehörte. 1944 wurde sie als 14-jähriges Mädchen ins KZ Auschwitz verschleppt. Ihre Mutter wurde sofort getötet, ihr Vater starb im KZ Dachau.

Blanka Pudler selbst kam zusammen mit 1000 ungarischen Jüdinnen aus Auschwitz zur Zwangsarbeit in eine Munitionsfabrik nach Hirschhagen, damals ein Außenposten des KZ Buchenwald. Nach der Befreiung im Frühjahr 1945 ging sie zurück nach Ungarn. Nach Zwischenstationen in Ghana und Frankreich lebt sie heute in Budapest. (ema)

Für ihr Engagement geehrt: Blanka Pudler. Foto: Archiv

Pressebericht: Blanka Pudler bekommt das Bundesverdienstkreuz.

Literatur

Espelage, Gregor: »Friedland« bei Hessisch Lichtenau. Band II: Geschichte der Sprengstoffabrik Hessisch Lichtenau. Herausgegeben von der Stadt Hessisch Lichtenau 1994.

Jessen, Jürgen / Geschichtswerkstatt Hessisch Lichtenau (Hrsg.): Wie es war. Zeitzeugen des Holocaust in Schule und Öffentlichkeit. Witzenhausen: Ekopan-Verlag 1994.

Magyar-Isaacson, Judith: Befreiung in Leipzig. Erinnerungen einer ungarischen Jüdin. Witzenhausen: Ekopan-Verlag 1991.

Mark, Elke: Kanarienvogel. Buch und Film über Blanka Pudler. Köln: Prima Print GmbH 2008.

König, Wolfram / Schneider, Ulrich: Sprengstoff aus Hirschhagen. Vergangenheit und Gegenwart einer Munitionsfabrik. 2. Aufl. Kassel: Gesamthochschulbibliothek 1987 (= Nationalsozialismus in Nordhessen, Heft 8).

Levi, Trude: Eine Katze namens Adolf. Witzenhausen: Ekopan-Verlag 1997.

Projektgruppe Hirschhagen: Hirschhagen. Sprengstoffproduktion im Dritten Reich. Kassel und Wiesbaden: Hessisches Institut für Bildungsplanung und Schulentwicklung 1991.

Stadt Hessisch Lichtenau (Hrsg.) (o.J.) Themenweg Hirschhagen. Von einer der größten Sprengstofffabriken des Dritten Reiches zum Industriegebiet.

Vaupel, Dieter: Das Außenkommando Hess. Lichtenau des Konzentrationslagers Buchenwald 1944/45. Eine Dokumentation. 1./2. Aufl. Kassel: Gesamthochschulbibliothek 1984 (= Nationalsozialismus in Nordhessen, Heft 4).

Vaupel, Dieter: »Unauslöschbare Spuren« - Zwangsarbeiterinnen der Dynamit AG berichten nach mehr als vierzig Jahren. In: 1999. Zeitschrift für Sozialgeschichte des 20. und 21. Jahrhunderts, Heft 4 / 1988, S. 60-74.

Vaupel, Dieter: Spuren die nicht vergehen. Eine Studie über Zwangsarbeit und Entschädigung. Kassel: Gesamthochschulbibliothek 1990 (= Nationalsozialismus in Nordhessen, Band 12).

Abbildungen

Hessisch Niedersächsische Allgemeine vom 19.9.2017 (Seite 9)
Privatbesitz Agnes Olawuyi, Budapest (Seite 19)
Nachlass Blanka Pudler, Budapest (Seiten 20, 21, 22, 23, 26, 118 [2], 125, 127)
Archiv des Museums Auschwitz-Birkenau (Seiten 37, 42, 56, 60f, 86)
Bundesarchiv Koblenz (Seiten 39, 72, 74)
Archiv Yad Vashem, Jerusalem (Seiten 43, 48)
Archiv des Museums Auschwitz-Birkenau (Seiten 50, 56, 60, 61)
Archiv der Freiherr-vom-Stein-Schule, Hessisch Lichtenau (Seiten 64, 65)
Archiv des International Tracing Service, Bad Arolsen (Seite 66)
Privatarchiv Dieter Vaupel, Gudensberg (Seiten 67)
Wolfram König / Ulrich Schneider (1987), siehe Literatur (Seite 75)
Foto Christel Bukowski, Kassel (Seiten 76, 81 [2])
Bundesarchiv Berlin-Lichterfelde (Seite 99)
United States Holocaust Memorial Museum Archives, Washington (Seite 101 [2])
AKG-Images Berlin / Benno Gantner (Seite 105)
Archiv der Gedenkstätte Buchenwald, Zeichnung Gaston Gentilon (Seite 106)
Archiv des International Tracing Service, Bad Arolsen (Seiten 111, 121, 124)
Archiv der Gedenkstätte Dachau (Seite 123)
Privatbesitz Agnes Olawuyi, Budapest (Seite 126)
Foto Dieter Vaupel, Gudensberg (Seiten 128, 131 [2], 132)
Melsunger Allgemeine vom 29.9.2011 (Seite 133 oben)
Witzenhäuser Allgemeine vom 8.7.2012 (Seite 133 unten)

Autoreninformationen

Blanka Pudler
geb. 1929 in Akna Slatina (heute Solotwyno), gest. 2017 in Budapest, wurde 2012 für ihr Engagement in der Erinnerungsarbeit mit dem Bundesverdienstkreuz am Bande ausgezeichnet.

Dieter Vaupel
geb. 1950, Dr. rer. pol., Lehrer und Politologe, Lehrbeauftragter an der Universität Kassel. Autor von Büchern und Fachbeiträgen zur Zeitgeschichte (Schwerpunkt: Zwangsarbeit und Entschädigung) und zu pädagogisch-didaktischen Themen. Der Autor steht für Veranstaltungen zur Verfügung.